Liderazgo progresivo

Cómo lograr tus sueños progresivamente

Juan G. Ruelas

ISBN 978-0-9825883-0-7

Copyright © 2009
Juan G.Ruelas

Derechos reservados del autor.

No se permite la reproducción total o parcial de este libro ni su incorporación a un sistema informático ni su transmisión en cualquier forma o por cualquier medio, sea éste electrónico, por fotocopia, por grabación u otros métodos, sin el permiso previo y por escrito de Juan G. Ruelas.

Contenido

Comentarios 5

"Caminante, No Hay Camino" 11

Libertad de Empresa 13

Capítulo I - El Sueño 15

Capítulo II - Liderazgo Progresivo 25

Capítulo III - El Aprender 30

Capítulo IV - El Hacer 73

Capítulo V - El Orquestar 135

Resumen General 178

COMENTARIOS

Toda persona que aspire a escalar esa montaña para alcanzar el éxito, deberá informarse y aprender, en las muchas y diferentes áreas. LIDERAZGO PROGRESIVO nos brinda una lista de todas aquellas áreas que ocupamos aprender y también para enseñar a otros. He aquí sólo unas cuantas de estas áreas:
   A) Los líderes aprenden a tener un sueño.
   B) Los líderes aprenden a elevar su autoestima.
   C) Los líderes aprenden a comprometerse.
   D) Los líderes aprenden a motivarse a sí mismos.

Nos da una lista de por lo menos 24 temas esenciales, en los cuales el lector encontrará una guía para continuar su aprendizaje y buscar información adicional que le ayude a enriquecer su conocimiento sobre cada uno de estos temas, para que pueda enseñar a otros asociados en su negocio a aprender sobre esto. Enseñando a los demás, según dicen los expertos, tú aprendes lo que quieres aprender. Así que, en hora buena. Aprovecha este libro y aprende cada uno de estos temas, enseñando a otros directamente del libro LIDERAZGO PROGRESIVO.

Algo que me gustaría recalcar, buscando que así como a mí me impresiona y llama la atención al grado de ponerlo en práctica en mi vida y el negocio, es el tema de:

ESTABLECER EL APRENDIZAJE COMO ALTA PRIORIDAD.

La razón por la cual me llama tanto la atención es porque creo que hay un mal entendimiento en la gente que nos ha escuchado hablar, diciendo que aunque no tengas educación, tú puedes levantar este negocio.

Sin embargo, creo que nos faltó aclarar, que sí, yo comencé el negocio con un nivel muy bajo de educacion, pero no me quedé ahí porque siempre ha sido una prioridad para mí el informarme de lo que otros saben.

Leyendo libros sobre la mayoría de estos temas, sí puedes levantar el negocio. Si al iniciarlo posees muy poca información, no tienes por qué quedarte así, ya que libros como LIDERAZGO PROGRESIVO abrirán un sin numero de puertas y oportunidades para lograr tu éxito.

Recuerda, es bueno usar el cerebro, pero si usamos el cerebro y conocimiento de otras personas de éxito como JUAN RUELAS cuanto mucho mejor. La experiencia de años en desarrollar este proyecto, las muchas horas de desvelo buscando la solución a los problemas y retos que se presentan en el diario vivir en el negocio, han dado a este libro como resultado. Es mi oración y deseo que tú lo valores tanto como yo y lo enseñes a todo aquel que tú deseas ver alcanzar el éxito en este negocio.

Segunda recomendación:
Aprende a controlar el flujo de información que entra en tu cerebro. Es una desgracia que la gran mayoria de la gente permite que entre a su cerebro y al de sus seres queridos, información chatarra que sólo traerá resultados desastrosos en la vida. Es muy común escuchar de adolecentes que estimulados por la información terminan suicidándose, tomando drogas, o yendo a parar en la carcel.

Y la información que sólo entretiene a nuestra gente, por algo se llama "entretenimiento" y pasan años entretenidos viendo los diferentes programas de televisión para luego despertarse a los 50-60 años alarmados de cómo fue que perdieron todo ese tiempo, por no haberse informado con la información que produce resultados exitosos. Y miran con gran admiración y descontento su pasada manera de vivir, entretenidos, controlados y manipulados por la información chatarra que permitieron entrar en sus mentes.

LIDERAZGO PROGRESIVO te mostrará el camino a seguir y ayudarte a tomar el control de una vez por todas de esa información sin valor que estás dejando entrar a tu cerebro. Si tu deseo es llegar a alcanzar un estilo de vida exitoso, es esencial que controles la información que entra a tu cerebro. Porque lo creas o no, esa información te controlará a ti y entre más información positiva pongas, mayores resultados positivos tendrás. Si pones información chatarra en tu cerebro, resultados chatarra obtendrás. Así que, *"Manos a la obra. Aprende enseñando."*

¡Buen trabajo, Juan! Esta vez no sólo te has sacado un 10 con este libro, creo que será un 10++. Sigue ayudando a la gente, que nada de lo que tú hagas se quedará sin ser recompensado. Así lo dice el Señor.

Ramón Hinojos

Al iniciar cualquier negocio, específicamente el nuestro de Multinivel, es importante primero entender la naturaleza del mismo, cómo funciona. En su libro LIDERAZGO PROGRESIVO, Juan Ruelas nos define paso a paso el camino que hay que recorrer; como pasar del APRENDER al HACER. Lo que más nos impactó es como nos recuerda que estamos en una nación donde existe la LIBERTAD DE EMPRESA y hay que tomar ventaja de ello. Todo esto desde el punto de vista de un líder que ha sabido desarrollar a otros líderes con tanto éxito. En mi opinión, cualquier empresario que quiera llevar su negocio hasta el nivel de Orquestar debería leer, estudiar y tomar como guía este libro de LIDERAZGO PROGRESIVO. ¡FELICIDADES, JUAN! por ilustrar tan acertadamente lo que el empresario en este negocio debe hacer.

Alberto e Isabel Deval

Una vez más JUAN G. RUELAS ha pegado un 'home run' al escribir este enriquecedor texto: el tercero y sin lugar a duda el mejor hasta el momento, LIDERAZGO PROGRESIVO, en el cual, plasma su conocimiento en el desarollo de la libre empresa. Libro que a todo miembro del equipo que esté en la busqueda de su desarrollo personal, realización de suenos e incrementando su liderazgo se le debe recomendar leer.

Comenzando por la libre empresa y la importancia de esta, pasa a enfocarnos en la importancia de tener un sueño y la razón de hacerlo realidad, haciéndonos diestros al comprender que existen varios niveles de liderazgo.

Al darnos cuenta que siendo dependientes de algo o de alguien no lograremos mucho, debemos de APRENDER tener un guía, invertir el tiempo que tenemos para superarnos personalmente con experiencia e información reciente que nos lleve a lograr lo que antes no creímos.

En el transcurso de leer este libro usted se dará cuenta que logrará desarrollar una alta autoestima. Con las recomendaciones del sistema desatará su influencia sobre otros y dará valor a metas y objetivos. Encontrará que en el camino hacia su definición enfrentará obstáculos listos a ser librados por la acción. La enseñanza y la acción juntas son determinantes para hacer realidad sus objetivos.

Las acciones hablan más que las palabras. HACER es el nivel, según JUAN RUELAS, que las personas logran hacer la diferencia por el esfuerzo realizado objetivamente. Las críticas, la competencia, la actitud, las características ganadas, junto con las habilidades y la planificación, logran que un hacedor tenga éxito. Sólo con la decisión de actuar, al tener fe, al ser responsable, determinado de resolver problemas, ofrecen oportunidades para mostrar tu iniciativa propia.

Siendo parte de un equipo, la unión hace la fuerza. Reconociendo las fortalezas y liderazgo de la personas en la organizacion el hacedor se da cuenta que él no es ni más ni menos importante que los demás miembros de la organizacion al ORQUESTAR.

JUAN RUELAS tiene un dicho: "Los mejores hacen equipo con los mejores." Ese momento se logra cuando tiene un pensamiento donde puede verse con otros individuos haciendo realidad proyectos, comunicando, liderando, logrando metas muy grandes que por usted solo no lo haría; respetar y reconocer a los demás miembros del equipo como los mejores. Seamos, pues, los mejores sirvientes.

Exquisito libro que nos promueve a ser mejores individuos para el beneficio universal. Lectura obligada para todo aquel que desee liderar en la vida. Deseándole lo mejor.

Juan Antonio y Dora Cruz

Es impresionante cómo el ser humano puede llegar a levantarse de la nada, llegar a ser un gran líder y poder lograr la libertad financiera. Esta gran obra: LIDERAZGO PROGRESIVO, nos enseña o nos guía a poder aprender a escalar los niveles de liderazgo necesarios para triunfar en la vida. En este libro el Sr. Juan Ruelas nos enseña como lograr nuestro propio liderazgo a través de estos 3 pasos tan sencillos donde claramente nos enseña como es que podemos desarrollarnos progresivamente: aprendiendo, haciendo y orquestando. Es por eso que consideramos que este es un exelente libro para todo aquel que quiera comenzar algo transcendental en la vida. ¡Felicidades, Juan! Que Dios te bendiga.

Leobardo y Selene Ramírez

LIDERAZGO PROGRESIVO es un manual que guía a cualquier individuo con un deseo ardiente en su corazón para luchar por un sueño o meta a través de la libre empresa. Con este libro, Juan Ruelas nos explica sobre la libre empresa y como cualquier individuo puede aprender como funciona la libre empresa, y hasta como apoyarse en este sistema económico para lograr sus suenos según sea el esfuerzo del individuo. Lo que hace más rico a este libro es que Juan Ruelas usa ejemplos de líderes históricos que se disciplinaron para aprender, hacer y a orquestar a otros líderes para luchar por una causa o un ideal. También usa ejemplos de líderes amigos nuestros de todos lo ámbitos laborales, desde cocineros hasta profesionales, gente común pero con hambre y coraje de luchar que a través de la libre empresa han logrado su libertad financiera. Más que un libro, Juan Ruelas nos pone al alcanze pepitas de oro que ayudarán a cualquier individuo con el deseo de hacer de la libre empresa una profesión y desarrollarse como líder en este sistema económico y como resultado lograr sus suenos y metas. Gracias, Juan, por ese continuo crecimiento personal y por el compromiso de seguir educando a más individous para que logren mejorar sus vidas.

José Guadalupe y Flor Jasso

Para compartir con sabiduría, pasión e intencidad los principios de liderazgo hallados en este libro necesitamos aprender la función que desempeña y requiere un verdadero liderazgo. LIDERAZGO PROGRESIVO es otro exitaso. Utilísalo como una guía de referencia en el desarollo y mentoría de la próxima generación de líderes. Hemos disfrutado mucho así como hemos aprendido. Todos los lideres o los que van en camino a serlo se benificiarán de la sabiduria y experiencia que JUAN RUELAS refleja y comparte en este tremendo libro. ¡Gracias, JUAN!

...tus amigos
Miguel y Francis Acevedo

Si te preguntas, ¿Cómo se desarolla un líder exitoso? o ¿Cómo puedo tener éxito en mi vida y en mi negocio? la respuesta la tienes en este libro. Es un libro muy completo que desarrolla paso a paso la creencia y el liderazgo en cada persona. Hay puntos muy importantes que necesitamos aprender y aplicarlos a nuestras vidas para desarrollar esa creencia y actitud de líder exitoso y tener los resultados que deseamos.

Yo te recomiendo leer este libro y tú recomiéndalo a tus socios en

el negocio, porque es un libro que nos enseña como desarrollarnos como líderes y cómo podemos nosotros desarrollar líderes.
¡Felicidades, JUAN G RUELAS!
tus amigos: *Eliseo y Marisela Ruíz*

Este es un maravilloso libro que nos va a servir como manual para lo que queramos enprender en la vida ya que por toda la información que nos ha ido formando terminamos siendo independientes o culpando a otros el por que no logramos o hemos logrado nuestras metas o sueños. En este libro el autor Juan G. Ruelas nos dice que todo mundo podemos lograr lo que queramos según sea nuestro esfuerzo y que la estabilidad económica no te la da el gobierno si no que nosotros la creamos según nuestro esfuerzo.

El autor Juan G. Ruelas escribió este maravilloso libro LIDERAZGO PROGRESIVO para todo aquel que quiera cambiar su estilo de vida y manera de pensar, como lo expresa el autor: APRENDIENDO, HACIENDO y ORQUESTANDO. Y aquí te dice cómo hacerlo, gradualmente ascendiendo uno a uno ya que él tiene la habilidad de ir adelante trascendiendo para que todo aquel que quiera trascender también lo haga.

Sergio y Martha Aguilera

Juan Ruelas siempre se ha ocupado de ayudar y creer en la organización y LIDERAZGO PROGRESIVO es una prueba más. Este libro nos educa en saber qué significa LIBERTAD DE EMPRESA, que es trabajar con la aprobación del gobierno pero sin la intervención de él. También es un manual sobre tres pasos importantes para alcanzar el éxito los cuales son: APRENDER, HACER y ORQUESTAR.
¡Muchas felicidades por su libro!

Jorge y Mónica Martínez

Usted tiene en sus manos una gran herramienta, escrita por un empresario exitoso y un ejemplo a seguir, Juan Ruelas. Dele la importancia debida, analícela, estúdiela y póngala en práctica. Esta le ayudará en su camino a la excelencia en un mundo donde practicamente no hay espacio para la gente pasiva, pero sí, para el hacedor que aprovecha al máximo las oportunidades que la libre empresa ofrece. Suerte y adelante, el éxito es posible.

Gerardo Suarez

"Caminante, No Hay Camino"

Autor: Antonio Machado

*Caminante, son tus huellas
el camino y nada más;
Caminante, no hay camino,*
se hace camino al andar.
*Al andar se hace el camino,
y al volver la vista atrás
se ve la senda que nunca
se ha de volver a pisar.
Caminante, no hay camino
sino estelas en la mar.*

Libertad de Empresa

Las leyes económicas son leyes científicas que expresan el modo en que se producen los fenómenos de la vida económica. **Libre Empresa** es un término que se utiliza para designar una economía cuando en ésta existen escasas o nulas restricciones o controles gubernamentales a los intercambios entre individuos y empresas. Un sistema de libre mercado implica por lo tanto que los individuos comerciantes actúan libremente, buscando maximizar sus beneficios, sin que la planificación estatal o los controles de precios les impidan tomar las decisiones que más les convienen. Del mismo modo, el libre mercado significa que el consumidor es libre para escoger los bienes y servicios que ha de comprar, sin restricciones ni limitaciones jurídicas o políticas.

En este país se nos ofrece una economía libre donde hay libertad de empresa con poca intervención del gobierno. Hay que entender que en los países del mundo, ya sea que el gobierno es el dueño de los negocios o la gente común como tú o como yo somos los dueños. Cuando el gobierno es el dueño de los negocios, es un sistema socialista, el cual determina la forma de vivir del pueblo. En un sistema socialista, el gobierno pone muchas trabas y el individuo no logra ser quien él quiere ser. El gobierno busca adueñarse de la riqueza de los demás. Toman por la fuerza lo que le pertenece a otros. El gobierno aspira a determinar la forma de vivir del pueblo, haciéndole creer que ellos tienen la solución a los problemas financieros del pueblo, envolviéndolos en políticas confusas. Hay que entender que para que el gobierno te ofrezca algo lo tiene que agarrar de algún lado. Cuando el ciudadano común es el dueño de la empresa y no el gobierno, entonces es el individuo mismo que determina su forma de vivir según sea su esfuerzo o sus sueños. Hay que entender que la estabilidad económica no te la da el gobierno sino que tú te la creas según sea tu esfuerzo.

Los países que ejercen la libertad de empresa, como los

EE.UU., consideran la libertad como uno de los valores supremos del hombre, afirmando que es posible organizar la vida económica de los individuos alrededor de ese principio fundamental. Para un sistema de libertad de empresa, es conveniente y necesario que los individuos desarrollen sin trabas todas sus potencialidades y su pensamiento, de tal modo que puedan alcanzar sus sueños o las metas que ellos mismos se tracen para contribuir a su bienestar, e indirectamente, al de la sociedad en su conjunto. Lamentablemente no todos los individuos desarrollan sus potencialidades debido a que prefieren ser asalariados trabajando de 8 a.m. a 5 p.m..

Es un privilegio vivir en un sistema económico en que los factores de producción están sujetos a la iniciativa propia, al esfuerzo propio y a la apropiación privada que se utilizan para obtener beneficios para sus propietarios, produciendo bienes y servicios que se venden directa o indirectamente a los consumidores. Es un privilegio vivir en un sistema donde tú sabes que si trabajas fuerte vas a cosechar buenos frutos y disfrutarlos sin temer que el gobierno te los vaya a quitar. La libre empresa es la solución para aquellos individuos que desean ser alguien en la vida; la libertad de ser quien tú quieras ser basado en el esfuerzo que estés dispuesto a poner.

En conclusión, podríamos decir que hay dos formas de ganarse la vida. Primero, ya sea a través del empleo y segundo, tomando la oportunidad que ofrece la libre empresa, la libertad de ser tu propio jefe y ganar lo que tú quieras ganar según sea tu esfuerzo. La libertad de empresa es el derecho moral del individuo a autosostenerse económicamente mediante la creación de riqueza en el mercado al haber descubierto oportunidades de ganancias, en un entorno donde los impuestos y regulaciones son mínimos para que el estado pueda garantizar efectivamente con proteger la vida, libertad y propiedad privada de los empresarios. La libertad es propiedad: propiedad privada de uno mismo, de lo que produces y de lo que adquieres legítimamente. La libertad de ser quien tú quieras ser según sea tu esfuerzo.

I

El Sueño

"La vida es sin duda un camino que formamos mientras que caminamos hacia donde soñamos."

La vida es sin duda el camino que formamos mientras que caminamos hacia donde soñamos por el mundo, desde nuestro nacimiento hasta nuestra muerte. Por esta razón debemos preguntarnos: ¿Cuál es nuestro sueño? ¿Qué es eso que anhelamos desde el fondo y principio de nuestros pensamientos? ¿Qué es eso que Dios puso en nuestro corazón, para que no lo consigamos?

Dios no le hizo el arca a Noé, sólo le sembró una asignación ardiente para que la hiciera. De la misma manera Dios sembró en Moisés ese deseo ardiente de liberar a Su pueblo de los egipcios. Dios no caminó por Moisés en el desierto para que él liberara Su pueblo, sino que Moisés tuvo que caminar hacia la asignación que se le dio, con sus propios pies.

¿Cuál es nuestra misión individual en este mundo? ¿Qué es lo que queremos de la vida que va a construir nuestro propio destino? Ya sea un destino lleno de éxito, prosperidad, alegría y felicidad, o quizás un destino lleno de calamidades, inestabilidad familiar, inseguridades y de angustias.

¡Reflexionemos! Como bien recitó Amado Nervo: "Yo fui el arquitecto de mi propio destino." Y encontraremos que nuestro destino será según lo construyamos, conforme a nuestros sueños y las metas que nos determinemos. Todos cosecharemos lo que sembremos según nuestras decisiones o indecisiones.

> Todos caminamos hacia una dirección, ya sea hacia la realización de nuestros sueños o sin darnos cuenta, hacia una dirección donde nos alejamos de ellos.

Es importante entender que el tiempo es inexorable, no se detiene. Nada es estático. Todos estamos en movimiento vicioso o virtuoso. Ya sea hacia delante o hacia atrás, hacia la izquierda o la derecha. Todos caminamos hacia una dirección, ya sea hacia la realización de nuestros sueños o sin darnos cuenta, hacia una dirección donde nos alejamos de ellos.

El tiempo no espera y las horas continúan transcurriendo y se van acumulando para convertirse en días de veinticuatro horas, semanas, meses y años, cuyo tiempo pudiera pasar inteligentemente bien aprovechado. Pasa avanzando con pasos firmes rumbo al logro de sus sueños o simplemente pasa desapercibidamente despilfarrado y sin observarse ningún progreso y tal vez hasta se palpe un retroceso. He aquí el meollo de la diferencia, entre alguien que invierte su tiempo para avanzar hacia la realización progresiva de sus "soñadas" metas y alguien que solamente vegeta viviendo día con día, sin querer saber hacia donde camina, sin rumbo, ni anhelos, ni sueños, ni objetivos y sin metas. Por lo tanto, estas personas se quedan estancadas en su medio conformista para vivir una vida muy precaria, oscura, sin futuro de progreso económico, cultural ni espiritual.

El Sueño

La trampa en la que cae la mayoría de la gente es el conformismo y la comodona costumbre de aplicar su tiempo en sus rutinas diarias. Esas rutinas se les vuelven hábitos que luego desembocan en adicciones al consumismo. Pues no encuentran ningún motivo ni objetivo por el cual deben luchar. Y si alguna vez, Dios o alguien les ilumine y sueñen en algo bueno para su futuro, fácilmente consideran normal olvidar y abandonar aquellos sueños, metas o cualquier propósito que Dios o alguien, haya depositado en su corazón o en sus pensamientos y continúan sólo dedicándose simplemente a consumir el tiempo de sus días.

Lo cierto es que todo ser humano nace capacitado para lograr sus sueños y para progresar y lograr desarrollar estas capacidades. **La herramienta innata es su voluntad de "soñar",** sí, señoras y señores, su voluntad de "soñar" con honestidad para superarse personalmente. Lo malo es que raras veces el individuo quiere echar mano de esta herramienta tan básica y la desprecia. Les contaré una anécdota:

En la ciudad de Fresno, California, EE.UU., en un restaurante llamado "Las Abuelitas" platicaban dos escritores. Uno de ellos ansiosamente buscaba un tema para su siguiente libro y preguntaba a su compañero mientras tomaban una aromática y calientica tasa de café.
—¿Cuál sería un buen tema para abordar en mi siguiente libro? — pregunta don Miguel, el filósofo.
Su compañero contesta luego de mucha meditación:
—Escriba algo sobre "el sueño."
—¿"El sueño"?— responde don Miguel—. Si te refieres al fenómeno del sub-consciente, del sueño fantasioso cuando la persona está durmiendo, eso lo considero como un tema científico que quizás nos podrán explicar los especialistas de psicología, psiquiatría y hasta algunos aficionados a la ciencia ficción, yo no soy nadie para abordar ese tema.
Y continua diciendo:
—Pero si te refieres a la capacidad de los seres humanos de

aplicar metafóricamente "el sueño", pues fácilmente podemos añadir, "los justos sueños", "los sueños dorados", "el espíritu de los sueños", como el mejor principio del pensamiento de los justos y honestos anhelos y conscientemente, bien despierto, haga valer una infinita imaginación, visionando su futuro personal y el de sus prójimos. De esta forma, cada quien puede "soñar" con la mayor ilusión y para no quedarse solamente como un iluso, su ilusión tiene que transformarla en objetivos y metas, con la certidumbre que los seres humanos tenemos la capacidad de hacer realizable cualquiera de nuestros sueños que los identifiquemos como justos y honestos anhelos.

—Pero es muy poca la gente que cree en la realización de sus "justos sueños", de sus "sueños dorados" y esas personas abandonan sus anhelos y sus metas y siempre están buscando justificaciones. Te lo compruebo ahora.

Don Miguel llama a la mesera para que le sirviera más café. La mesera al estar sirviendo el café recibe esta pregunta:

—Señorita, discúlpeme, ¿usted siempre soñó con servir café, desde que usted nació y que empezó a tener uso de razón, usted anheló servir café en un restaurante?

Y don Miguel al no recibir repuesta vuelve a insistir:

—Es decir, ¿conforme usted crecía, usted se decía: cuando yo crezca y sea grande yo voy a servir café?

—No —contesta ella sorprendida con el interrogatorio y don Miguel carismáticamente le pregunta nuevamente:

—Cuando usted era niña, ¿qué era lo que usted soñaba ser de grande?

La empleada recuerda su niñez con melancolía y contesta:

—Mire usted, mi abuela era enfermera, mi madre es enfermera, de niña yo soñaba con ser enfermera, yo jugaba a la enfermera, mis hermanos eran los pacientes y yo los curaba.

—¿Y qué pasó con ese anhelo?

—Pues, yo estudié para ser enfermera.

—¿Y qué pasó?

—Pues mientras yo estudiaba en la universidad conocí a mi esposo. Me involucré con él y nació mi primer hijo. Nos mudamos a vivir juntos en un apartamentito de un edificio multifamiliar.

El Sueño

No tenía quien cuidara a mi hijo y tuve que dejar la universidad. Después de tres años de vivir juntos nació nuestro segundo bebé y desde luego aparecieron las incomodidades e insatisfacciones, por lo que nos vimos en la necesidad de adquirir una casa con crédito bancario a muy largo plazo. Unos meses después nos dimos cuenta que lo que ganaba mi esposo no iba a ser lo suficiente para cubrir los abonos de la casa, pagar la corriente eléctrica, la cuota para que nos tiren la basura, el teléfono, el agua, la comida, la ropa de los niños, el pago mensual de carro, la gasolina, los seguros del carro y de la casa, los pañales, la comida extra para cuando nos visitan nuestros padres y otros familiares y amistades, etcétera, etcétera y etcétera. El salario de mi esposo siempre resultó insuficiente, por lo cual yo tuve que empezar a trabajar aquí para poder enfrentar el alza continua de los gastos de la casa. Y mire usted, ya llevo nueve años trabajando aquí, pero la situación no se ha resuelto ni le veo por donde se resolverá.
—¿Y qué pasó con el sueño de ser enfermera?
—Ya hasta se me había olvidado y además no tengo quien me cuide los niños.
—¿Acaso tu abuela no está jubilada? — pregunta don Miguel.
—Sí —responde la mesera.
—Entonces ella puede cuidar de tus hijos mientras tú estudias y trabajas. Además, recuerda que todo esfuerzo requiere de un sacrificio. Por otro lado, el esfuerzo por luchar por lo que quieres es temporal, mientras el fracasar continuamente por no luchar por lo que quieres, será permanente.
La mesera con una sonrisa de optimismo se aleja de la mesa y da gracias a don Miguel por haberle recordado lo que ella en realidad quería de la vida y le promete luchar por realizar aquel sueño de algún día ser enfermera.
Don Miguel y su compañero guardan unos minutos de silencio. De pronto don Miguel dice:
—Pues por lo general, la gente sufre y se conforma con vivir en un círculo vicioso. Es decir, se la pasa sencillamente en su trabajo para cobrar un poco de dinero, comprar poca comida, pagar la vivienda, pagar las deudas, comprar chucherías para los niños y nunca piensan en alguna otra actividad honesta

que les represente un esfuerzo extra, para poder ganarse honestamente algún dinero adicional, que les permita realizar un fondo de ahorro que pudieran invertir en un negocio propio que pudiera liberarlos del empleo y sus salarios miserables. De esa forma, siguen vivos sólo para hacer lo mismo día con día y así continuarán viviendo cuando no tienen un sueño claro y honesto y un objetivo de superación personal, quedándose por su propia voluntad atrapados en la rutina diaria, quejándose de su situación para buscar colgarse de algo o alguien que les resuelva sus incapacidades."

—Amigo mío, —continúa diciendo—, creo que no sólo me has iluminado sobre un tema de qué escribir, sino que también me has despertado un por qué, pues es importante señalar que todos en un momento de nuestras vidas "soñamos" o anhelamos con ser alguien que se destaque y salga del montón, pero en el transcurso de la vida, nos dejamos atrapar por la rutina diaria y se nos olvida que si queremos destacar, tendremos que dejar para siempre las costumbres innecesarias que nada bueno nos han dejado la rutina y así poder identificar qué es lo que queremos para el resto de la vida —concluye enfáticamente don Miguel.

Tener una idea vaga de lo que quieres en la vida no es suficiente. Debes tener una imagen clara y específica. Sólo así podrás saber con certeza el camino que debes tomar, las metas que debes fijar y que las acciones vayan de acuerdo a lo que quieres. Las metas borrosas generalmente producen resultados igualmente borrosos, o quizás simplemente no producen resultados.

Tener una idea vaga de lo que quieres en la vida no es suficiente.

Las personas que han caminado por la vida y que han tenido éxito son conscientes de la importancia que tiene el tener un anhelo, un sueño, una imagen clara de lo que desean lograr en vida y de permitir que cada acción que emprendan esté guiada por ese anhelo o sueño.

El Sueño

Observemos a Eliseo y Maricela Ruiz, Leo y Selene Ramirez, Ramón y Rosaura Hinojos, Gerardo y Graciela Suarez, Juan Antonio y Dora Cruz, personas que han caminado por la vida; quienes fundándose en su propio sueño, para crearse y defender una buena reputación y un buen prestigio, son algunos ejemplos que han tenido ÉXITO y de cuyo éxito nunca podrán avergonzarse. Son conscientes de la importancia que tiene el tener un anhelo, un sueño, una visión muy clara de lo que desean lograr en la vida. Para lo cual, primero tuvieron que asumir y cuidar que cada acción que emprendieran fuese de acuerdo a sus metas. Pues el sueño te mantiene en el camino correcto, te guía, te alienta, te sustenta. El sueño es el combustible que provoca que te traces metas y que las cumplas.

> **El sueño te mantiene en el camino correcto.**

El tener una imagen clara y específica te permite saber con certeza el camino que debes tomar, las actitudes que debes cambiar, las acciones que tendrás que emprender. Los malos hábitos que te arrastran, las indecisiones, el desorden de actitudes, la falta de compromiso consigo mismo o con tu pareja, son obstáculos que sólo producen falsas ideas de objetivos y metas de corto plazo que terminan arruinando el futuro de las personas. Las ideas vagas y no claras de lo que se quiere tener en la vida, demuestra la poca seriedad como se quiere vivir. Esas ideas borrosas generalmente producen inseguridad, baja autoestima, angustias y sus resultados igualmente son borrosos. Lo más seguro es que a estas personas, con frecuencia se les enrarece su medio ambiente y se les ahueca el pensamiento, creyéndose estar atrapadas en un laberinto sin salida y hasta pueden entrar en un espiral degenerativo de su consciencia que los invite a renegar de su propia existencia.

Stephen Covey en su libro "Los 7 Hábitos de la Gente Altamente Efectiva," menciona que cuando se crea una imagen o una fotografía mental de lo que se desea alcanzar, el subconsciente busca poner tu realidad exterior en armonía con tu realidad interna y se encarga de mostrar el camino mediante el cual puedes materializar tu deseo. En sí, Covey afirma que todas las cosas en realidad son creadas dos veces: la creación física es precedida por una creación mental. Es decir, antes de materializar tu "sueño" primero debes imaginártelo.

Lo que nos imaginemos o anhelemos es nuestra misión o propósito de vida lo cual determina para qué queremos vivir. Si decidimos que ya es tiempo de identificar los sueños, objetivos y metas que deseamos alcanzar entonces no basemos lo que queremos en lo que sabemos y hacemos actualmente. Es decir, si quieres algo en la vida y no lo tienes, básalo en las habilidades nuevas que vas a desarrollar y en las actividades nuevas que vas a poner en práctica. Mucha gente basa sus sueños en lo que sabe y hace ahora, en vez de basar sus sueños en nuevas habilidades y nuevas actividades por aprender. Lo que sabes y haces te tiene como estás. Sin embargo, si basas lo que quieres de la vida en nuevas cosas que vas a aprender y habilidades que vas a desarrollar y nuevas actividades por hacer, entonces comprobarás que este paso encierra dos aspectos: uno, definir claramente tus deseos más importantes y dos, diseñar un plan de acción.

Todo éxito comienza con un 'sueño'.

Todo éxito comienza con un 'sueño'. Todos tenemos grandes 'sueños', pero muy pocos de nosotros damos los pasos necesarios para convertirlos en metas y objetivos claros. Debemos estar conscientes que convertir nuestros 'sueños' en realidades nunca podrá ser el resultado de la suerte o la casualidad. Las personas que por algún tiempo estuvieron atrancadas pero cambiaron su estilo de vivir para tener éxito y triunfaron, fue porque buscaron y provocaron el triunfo. Y sus resultados son por consecuencia de un plan de trabajo puesto en acción. Es decir, el éxito, el triunfo honesto y orgulloso de todos los hombres y mujeres, no es casualidad ni cosas del destino, sino la consecuencia de las causas correccionales que eligieron en su nuevo estilo de vivir.

Intentemos un poco ir al fondo de lo que significa "el éxito y el triunfo." A las personas exitosas y triunfadoras generalmente, los que fracasan los envidian. Los flojitos y corruptos fingen admirarlos, pero las mujeres y los hombres de integridad y probidad los emulan, los ejemplifican y luchan por aprender de ellos. Y hasta buscan superarlos, para convertirse en auténticos líderes vanguardistas, brillantes y deseosos de obsequiar su lucidez a la raza humana. De tal carácter es el éxito y el triunfo que significa el LIDERAZGO.

La historia nos enseña como los líderes son conscientes de la importancia de crear una imagen clara de lo que desean alcanzar y de permitir que cada acción que emprendan, esté guiada por esta visión. Cuando alguien visualiza una imagen, como una fotografía mental en el horizonte, **su mente entiende que ese es su deseo y eso le servirá de referencia para saber hacia donde dirigirse** aun cuando haya retos. Por lo tanto, esa imaginación se encargará de mostrarle el camino mediante el cual puede materializar dichos objetivos.

Nuestros sueños son los mejores motivadores de la vida. Quien sueña, posee muy buenas razones y motivos para vivir. No obstante, he aquí la disyuntiva, la complejidad que nos embarga para encontrar la fórmula y la vía para realizar nuestros anhelados sueños. Nos agobia el no encontrar la vía ni la fórmula. Nos sentimos ofuscados, paralizados al no saber cómo salir de esa parálisis rutinaria en nuestras vidas. En tales circunstancias sólo hay una forma de superarlas, "tomar el toro por los cuernos:" tener un sueño, hacer un plan de trabajo y ponerlo en acción.

Al decidirnos de una vez por todas y para siempre cambiar nuestras costumbres y actitudes, para dejar de ser uno de tantos del montón, encabezaremos la reconstrucción de nuestro propio destino, lo cual requiere dejar de ser guiado por las ideas y costumbres que otros inculcaron e impusieron y que nunca dieron buenos resultados. **Quien asuma cambiar sus malas costumbres y actitudes estará provocando su propia metamorfosis** para mudarse a iniciar su propio liderazgo. Esta es la única vía y la única fórmula que está en nuestras manos. Con la sana intención de solventar la angustia de no saber cómo materializar tus sueños es que se te ofrece un orden de conceptos para la construcción de tu propio destino y liderazgo.

Por lo tanto, ¿cuál es tu sueño? ¿Qué es eso que mora dentro de tu corazón que quieres lograr? Por qué no tomas un momento ahora mismo para aclarar tu sueño. Ponlo por escrito en un lugar especial y refresca tu mente y corazón con frecuencia de la razón por la cual te esfuerzas en la vida y que sirva de motivación para emprender con empeño, el Liderazgo Progresivo, a través del Aprender, el Hacer y el Orquestar.

II

Liderazgo Progresivo

"Un verdadero líder inspira a otros a dirigirse por sí mismos."

Un problema entre los individuos es el hecho de quejarse constantemente, diciendo que hay tantos problemas en el mundo, que ellos nunca podrán resolverlos. No se ponen a pensar que quien inicia su lucha en busca de soluciones a sus propios problemas, con ese solo hecho, es ya un problema menos en el mundo. Quien se atreva a asumir la responsabilidad de solucionar sus propios problemas o lograr una meta inicia su liderazgo.

Por otro lado, personas que no tienen metas o no se atreven a solucionar sus problemas dan por alto el poder convertirse en una locomotora y prefieren seguir siendo vagones del tren para seguir siendo arrastrados por los problemas de la vida que otros les hayan fijado. Para todos ellos, es prudente aclararles, que **los líderes no nacieron siendo líderes, su decisión los hizo líderes progresivamente conforme al estilo de vida que escogieron o que rectificaron para desarrollarse.** Estos son los grandes rasgos del dilema, que al esclarecerlo, lograremos entender que cada quien puede lograr sus sueños si quiere tomar la decisión de iniciar el liderazgo de su propia vida.

Plantear el camino de un líder para su éxito no es una cosa fácil, especialmente cuando la meta de ese plan es para proveer una ruta franca para los líderes modernos y los de por venir y aun para cualquier persona que deja de ser vagón de ferrocarril para convertirse en locomotora. Pero si las cosas que valen la pena fueran fáciles, pues cualquiera las haría y quien decida cambiar sus actitudes para superarse, no puede ser un cualquiera.

Liderazgo Progresivo es acerca de la habilidad en aumento que tiene un individuo para lograr sus sueños o de solucionar sus problemas, o de llegar de un punto a otro o extender su influencia por un consciente esfuerzo. Conforme el líder crece como individuo, sus habilidades de ser líder crecen también. Esto no es un proceso automático sino provocado. Si un líder quiere llevar hasta el máximo su potencial, el proceso tiene que ser premeditado, planificado y provocado.

Quien decida cambiar sus actitudes para superarse, no puede ser un cualquiera.

El **Aprender**, el **Hacer** y el **Orquestar** son pasos de modo conveniente para planear el camino de un líder desde el comienzo hasta que logra sus metas. El líder aumenta su liderazgo según progrese del Aprender al Hacer y del Hacer a Orquestar. Cada nivel es así como pasar de primer año a segundo año y de segundo año a tercer año. Cada nivel que se avanza representa más influencia y lleva una ventaja mayor de las habilidades del líder que apenas comienza.

Por lo que igualmente tendremos que recordar que quien decida iniciar un "Liderazgo Progresivo", primero tiene que botar modales y costumbres de liderazgo que no le han funcionado y asumir nuevas costumbres y nuevos modales; entonces descubrirá cómo su habilidad de liderar irá en aumento. Conforme la persona va creciendo en habilidad y humildad, su influencia también crece, llamando la atención de los demás. Otros lo duplicarán creando un dinamismo como si se tratara de algo que está de moda en el vestir, compartiendo un proceso de cambio individual de actitudes, frente a todos con quien trate o lo estén mirando. Aun así, si quiere llevar hasta el máximo su potencial e influencia para imponer su moda y hacerse respetar, el proceso tiene que ser madurado, exigiendo e imponiendo el cambio en uno mismo.

La mutualidad y solidaridad en el respeto, con quien sea y donde sea, se extiende creando influencia de una persona a otra. Desde luego todo comienza con la iniciativa propia de un individuo que decide formarse como líder progresivamente, porque la gente primero quiere observar los cambios y verlo madurar a usted primero para identificarlo como líder y luego le respetará y emulará creando dinamismo.

Conforme la persona va creciendo en habilidad y humildad, su influencia también crece.

Vuelvo a repetir, el **Aprender**, el **Hacer** y el **Orquestar** son pasos de modo conveniente para planear el camino de un líder desde el comienzo hasta que logra sus metas. **El líder aumenta su liderazgo según progrese del Aprender al Hacer y del Hacer a Orquestar.**

Cada nivel representa más prestigio, más respeto, y buena reputación para el individuo y esto se transforma en más influjo ambiental en su organización, en su familia, en su trabajo, en su lugar de residencia. Además, conlleva una ventaja mayor de las habilidades del nuevo líder, según su nivel gradual de aprendizaje de un sano y conveniente liderazgo.

En este escrito, Liderazgo Progresivo, hablaremos de "Aprender", "Hacer", y "Orquestar", conceptos de liderazgo que serán explorados dentro de un contexto siguiendo el orden escalafonario ilustrado:

Nótese que para desarrollar un liderazgo, la base es el individuo, cuyo andamiaje no es plano ni horizontal, sino es emprender "paso" a "paso" un escalafón en ascenso hacia la cúspide que se avizora como una meta. Esto nos explica como un líder va escalando categorías a través del proceso de Desarrollo Progresivo. Su clasificación aumenta y el impacto de su esfuerzo se aprovecha. Y conforme el líder asciende desde el primer escalón llamado "Aprender" para situarse en el "Hacer" y del "Hacer" sube al "Orquestar", cada uno de los niveles previos se quedan con él para siempre.

Pero estos hechos debe de cuidarlos y que no lo invadan de soberbia, insolencia o arrogancia. Todo lo contrario, tendrá que nutrirse de la humildad y tolerancia, porque el hecho de que un líder haya transitado desde el nivel de "Aprender" hasta el de "Hacer", no significa que puede dejar de aprender. Igualmente, un líder que avanza a "Orquestar", no quiere decir que podrá dormir en sus laureles y dejar de aprender o de hacer.

Entonces, Aprender, Hacer y Orquestar, representan un liderazgo progresivo donde un líder desarrolla nuevas habilidades mientras lucha por sus metas y expande su influencia. Un líder puede estar en varios niveles de influencia en diferentes áreas de su vida. También, organizaciones mismas pueden existir en diferentes niveles de liderazgo. Y por otro lado, los individuos dentro de una organización se encuentran cada uno en un nivel de liderazgo. Con este trabajo pretendemos orientar a los individuos y a las organizaciones para que logren sus metas. Y basadas en esta información, planifiquen, desarrollen y hagan crecer sus negocios.

III

El Aprender

"El individuo es capaz de hacer según lo que se imagina y se podrá imaginar según lo que lee, lo que ve, lo que escucha y lo que aprenda."

En el "Aprender", el carácter del líder es "Dependiente": depende de un sistema y de un mentor para aprender algo.

Aprender es adquirir el conocimiento y la experiencia que nos permita hacer algo que antes no creíamos poder lograr. En este primer nivel de liderazgo es como sentirse de nuevo un estudiante. Estar sentado y aprendiendo del maestro o del mentor, es como la llave que abrirá las puertas para dar inicio al desarrollo de nuestra vida. Para aprender, la primera condición es tener la voluntad de instruirse, educarse y cultivarse.

Otra condición es disfrutar del aprendizaje como toda una aventura. Primero, empollarse, luego crecer, descubrir nuevas cosas acerca de nosotros mismos, especialmente de nuevas formas de ganarnos la vida. La gran mayoría de las personas recuerdan con cariño y nostalgia la época escolar. Y aunque someterse a exámenes y entregar tareas no necesariamente fueron actividades que recordamos con especial agrado, es indudable que la escuela dejó en la mayoría de nosotros huellas imborrables y bellos recuerdos, "dulces sueños infantiles" o audaces "sueños juveniles", que si emprendemos de nuevo el arte de aprender, descubriremos otros "sueños dorados."

Nadie podrá negar que a partir de aquella información escolar, pudimos construir un camino. Algunos construyeron un camino lleno de limitaciones. Otro construyeron caminos llenos de datos y conocimientos profesionales o tecnológicos y aun así no fue suficiente para seguir escalando la evolución de la sabiduría, ni mucho menos para soñar o llegar hasta la cima. El retomar la alegría de aprender, es la continuidad de invertir nuestro tiempo en la superación personal y adquirir información y experiencia nueva que nos permita hacer algo que antes no creíamos poder lograr.

Cada uno de nosotros es constructor y directo responsable de su propio destino.

Hay que admitir que cada individuo tiene su propia responsabilidad de ver y vivir la vida. Y todo lo malo o lo bueno que sucede en su vida es el resultado de lo que previamente se ha manifestado en su mente. Por lo que ineludiblemente cada uno de nosotros es constructor y directo responsable de su propio destino. Al asumir esto, debemos preguntarnos: ¿Qué clase de información hemos acumulado en el transcurso de nuestra vida? y ¿Qué tipo de información seguimos metiendo a nuestra mente? y luego verificar si aquella información nos guía e indica el rumbo correcto hacia el destino de acuerdo a nuestros sueños. De no ser así, descubrimos que la información fue equivocada o torcida y tendremos la oportunidad de poder rectificar y reconstruir el rumbo con el aprendizaje de nueva información esencial que nos ayude a enderezar el camino que nos lleva a la materialización de nuestros sueños, desatando lo torcido.

En este primer nivel de liderazgo (Aprender), el líder es como un niño que corre en el campo en su primer juego de balompié. Él está lleno de hambre y entusiasmo, pero tiene bajas habilidades y conoce muy poco acerca de este deporte. No es tiempo para preocuparse mucho acerca de ganar. No es tiempo de estar excesivamente preocupado si va a meter un gol o no. Tampoco es tiempo de aparentar o tratar de causar buena impresión en el entrenador, sino, es tiempo de aprender. En otras palabras, los líderes en este nivel tienen que enamorarse del aprendizaje. Tienen que resistir la tentación de ser juiciosos o críticos o impedir el paso al hecho de que ellos tienen algo que aprender.

Los líderes en este nivel tienen que enamorarse del aprendizaje.

Cuando yo era entrenador de fútbol en Washington Union High School en la ciudad de Fresno, solía poner a los jugadores a que patearan con la izquierda si eran derechos y si eran izquierdos a que patearan con la derecha. De esa forma los jugadores aceptaban que habían otras habilidades que podían aprender.

Uno de los problemas en este nivel es el no saber escuchar. Todo mundo quiere hablar, pues anhelamos ser escuchados. Vivimos en una sociedad que promueve más el hablar que el oír a otros. Si bien es cierto que en la escuela aprendimos a leer y a escribir escuchando al profesor, no menos cierto es que muy poco o nada se nos quedó sobre la importancia de aprender a escuchar. Por todas partes se puede observar como esa carencia de escuchar genera problemas de comunicación entre las personas. Existen malentendidos y distanciamiento entre socios, parejas, matrimonios y hasta en familias enteras.

El Aprender

Si adquirimos la virtud de escuchar, siendo pacientes observadores, que al ofrecer nuestros oídos sin prejuzgar, vamos a aprender más aceleradamente. Para la mayoría de la gente con el hecho de tener la facultad de escuchar va a marcar gran diferencia en el rumbo de sus vidas. Les promoverá la oportunidad de conocer la importancia de cómo construir su propia vida. Por lo tanto, detenernos y ofrecer nuestros oídos para simplemente aprender de otros sin juzgarles y sin dar consejos, puede hacer una gran diferencia en nuestras vidas. Cada gran líder se da cuenta de que él tiene todavía más que descubrir. El autor Andy Stanley dijo, "Los grandes líderes son grandes aprendices."

Cuando se habla de una nueva tarea o responsabilidad, un líder tiene que proveerse de la esperanza de aprender para enfrentar todo lo que podrá encontrar de nueva cuenta en las tareas o responsabilidades que acepte realizar. No obstante, los líderes no tienen que esperar hacerse expertos en cada área de operación, así como el director de una orquesta sinfónica nunca podrá ser un virtuoso de todos los instrumentos musicales.

> "Los grandes líderes son grandes aprendices."
> -Andy Stanley

Sin embargo, todos permanentemente tienen que buscar y encontrar la mayor información y entendimiento que los vincule sincrónicamente a la armonía estructural de dichas tareas y responsabilidades. De tal modo, quien sincronice en ideas con otros no debería nunca parar de buscar información y entendimiento. George Barna dijo, "Tú deberías siempre estar envuelto en algún tipo de estudio intencionado y enfocado que esté construyendo tu capacidad de liderazgo." El aprendizaje es una actitud y los líderes tienen que tener una dosis saludable de ésta. Es bien decisivo tener una actitud propia con respecto al aprendizaje desde el comienzo del proceso de desarrollo de líderes.

Continuando con la cita, Stanley nos dice, "En los primeros años de tu carrera, lo que tú aprendes es mucho más importante de lo que tú ganas," con lo cual yo estoy muy de acuerdo. Pues ese era mi caso de cuando yo era estudiante universitario. En muchos de los casos, lo que aprendes determina lo que ganas después.

Cuando se trata de APRENDER, podría ser que los candidatos a líderes tienen que saber lo que tienen que aprender. El saber qué aprender es el proceso y cimiento que les abrirá las puertas al conocimiento y a la experiencia. Si no sabemos qué tenemos que aprender, el proceso de aprendizaje será difícil y fallado y cuando escalemos al siguiente nivel, estaremos enseñando los dientes de frustración por no haber aprendido lo que debíamos haber aprendido. Cuando un lider aprendiz entiende y comprende lo que aprende, cada concepción de aprendizaje mentalmente le va enlazando en el casamiento fundacional de las ideas correctas, entonces el conocimiento y la experiencia podrán verdaderamente ocurrir.

En muchos de los casos, lo que aprendes determina lo que ganas después.

El querer aprender para llegar a ser un líder, es abrasar un estado mental donde el individuo acepta que **APRENDER es adquirir el conocimiento y la experiencia en las siguientes áreas:**

1.- Los Líderes aprenden a tener un sueño.
2.- Los Líderes aprenden a elevarse el autoestima.
3.- Los Líderes aprenden a comprometerse.
4.- Los Líderes aprenden a motivarse.
5.- Los Líderes aprenden a tener confianza.
6.- Los Líderes aprenden a disciplinarse.
7.- Los Líderes establecen el aprendizaje como una alta prioridad.
8.- Los Líderes aprenden a buscar lo bueno de cualquier persona.

9.- Los Líderes aprenden de aquellos que tienen buenos resultados.
10.- Los Líderes abren sus mentes para comprender a la gente.
11.- Los Líderes aprenden la importancia de tener metas y objetivos.
12.- Los Líderes aprenden los procesos y métodos de ejecución.
13.- Los Líderes aprenden acerca de las recompensas.
14.- Los Líderes aprenden la historia de la organización a la que pertenecen.
15.- Los Líderes aprenden acerca del medio ambiente.
16.- Los Líderes consideran y calculan obstáculos propios y de la oposición.
17.- Los Líderes aprenden de los buenos libros.
18.- Hoy, los nuevos Líderes aprenden de grabaciones auditivas.
19.- Los Líderes también aprenden de vídeos.
20.- Los Líderes aprenden a convivir con líderes exitosos.
21.- Los Líderes aprenden a tener un mentor.
22.- Los Líderes aprenden de las acciones.
23.- Los Líderes aprenden a controlar el flujo de información.
24.- Los Líderes aprenden a fundar conceptos básicos acerca de lo básico.

1.- Los Líderes aprenden a tener un sueño.

Tú no vas a luchar por algo que no deseas, anhelas o aspiras. El sueño es el combustible que da actividad a un líder. Aprende a tener un motivo por qué vivir en esta vida. Capta una imagen por el ojo de tu mente y ten una visión clara y concreta de lo que quieres lograr. Esto te ayudará a estar en disposición.

Dale rienda suelta a tu mente. Piensa en grande. Recuerda, dale libertad a tu mente a imaginar lo que deseas de la vida. Escucha lo que el corazón te grita. Exponte a las posibilidades de las cosas. Usa tus sentidos para experimentar las posibilidades. Por ejemplo, llévate a ti mismo a tocar, a ver, a probar, a manejar y/o a sacarle fotos a lo que tú quieres de la vida.

El propósito del sueño es enfocarnos en lo que queremos en nuestras vidas y darle un sentido a nuestros esfuerzos. Si vamos a correr una distancia hay que saber por qué la vamos a correr. Debemos saber con anticipación cuál es la recompensa al final de haber recorrido esa distancia. La recompensa nos mantendrá enfocados. Quizás tú quieras luchar por obtener alguna de las siguientes recompensas: pasar más tiempo con tu familia, pagar tus deudas, asegurar la educación de tus hijos, tener la casa de tus sueños, tener el carro de tus sueños, viajar etc. Sueña, háblate a ti mismo con palabras que te estimulen hacia adelante. Inyéctate un motivo para vivir, visualiza lo que quieres. ¡Pon el ojo en el blanco y a trabajar! ¡No podemos pegarle a algo que no podemos ver primero!

> El propósito del sueño es enfocarnos en lo que queremos en nuestras vidas y darle un sentido a nuestros esfuerzos.

2.- Los Líderes aprenden a elevarse el autoestima.

¿Qué es el autoestima? El autoestima es el valor, la creencia que le da a los sentimientos de tu ser; es el valor, la creencia que te da a tu manera de ser y de pensar. Esto se aprende, cambia y la podemos mejorar. Es a partir de los 5-6 años cuando empezamos a formarnos un concepto de nosotros mismos. De cómo nos ven los demás. Según como se encuentre nuestra autoestima, esta es responsable de muchos fracasos y éxitos, ya que un autoestima adecuada, vinculada a un concepto positivo de sí mismo, potenciará la capacidad de las personas para desarrollar sus habilidades y aumentará el nivel de seguridad personal, mientras que un baja autoestima llevará a la persona hacia la derrota y el fracaso. Por lo tanto, entender los siguientes puntos en cuanto a el autoestima es importante:

- El Autoestima es un recurso natural en el ser humano para lograr un objetivo.
- El Autoestima es desarrollable.
- El Autoestima tiene fuerza cuando está relacionada con un sueño.
- El Autoestima está relacionada con el hecho de estar conscientes de nuestras potencialidades y necesidades.
- El Autoestima está relacionada con la confianza en uno mismo.
- El Autoestima provoca la acción hacia el logro de los objetivos.
- Podemos tener limitaciones y a pesar de ello tener buen Autoestima.

El autoestima es siempre cuestión de grados y puede ser aumentada, ya que si lo vemos con cuidado, concluiremos que siempre es posible estar más conscientes de nosotros y de la relación que tenemos con lo que sabemos. Por eso es importante saber como aumentar, elevar o desarrollar el autoestima.

Un baja autoestima llevará a la persona hacia la derrota y el fracaso.

¿Qué puedes hacer para mejorar tu autoestima? Veamos algunas sugerencias:

a) Escucha audios de historias de éxito.
b) Asiste a eventos de superación personal.
c) Lee buenos libros de superación personal. Estos te ayudarán a pensar nuevas alternativas de cómo hacer las cosas y cómo visualizarte positivamente.
d) Mantén tu mente ocupada con pensamientos positivos sobre ti mismo y los demás.
e) Siéntete orgulloso de lo que haces, especialmente cuando realizas bien las cosas. Por el contrario, no permitas que otros interfieran negativamente contigo. No puedes cambiar la conducta de los mismos, pero sí la tuya. Entonces, obra bien y serás el ejemplo para otros.

f) Siéntete orgulloso de lo que eres. Identifica y acepta tus destrezas y conocimientos. Todo el mundo posee talentos otorgados por Dios. Usa esos talentos para desarrollarte al máximo. Tómate tiempo ocasionalmente para evaluar tus adelantos.
g) Establece metas realistas a corto plazo. Fija tu mente en las mismas y visualiza cómo puedes realizarlas. Desarrolla nuevas destrezas y conocimientos si fuesen necesarios para alcanzar dichas metas.
h) Adopta la actitud de *"Yo Puedo."*
i) Crece espiritual y mentalmente. Otras personas están en tu misma posición. Aprende a tolerarlos y a ayudarlos. Juntos podrán formar un equipo mejor. Desunidos provocan la prolongación de cualquier meta.
j) Solicita y acepta la ayuda o acesoría de otras personas. En la unión está la fuerza.

3.- Los Líderes aprenden a comprometerse.

Comprometerse es cumplir con obligaciones.

Comprometerse es cumplir con obligaciones. Una obligación es la situación en la cual una persona está atada a hacer algo. La etimología de la palabra 'obligación' proviene del latín, *ob-ligare*, que significa "atar." En otras palabras, una persona comprometida es aquella que está dispuesta a atarse, o amarrarse a su obligación. Su obligación puede ser luchar por un sueño, sacar adelante a su familia, hacer todo aquello en lo que haya atado su palabra. Todos tenemos compromisos de diversa índole según el estado de la persona (como padres de familia, hijos, trabajadores, estudiantes, esposos etc).

Como padres de familia estamos obligados a cultivar a nuestros hijos. No basta proporcionar los medios materiales; los hijos necesitan que los padres les dediquen parte de su tiempo para jugar, conversar y enseñar.

El Aprender

Como esposos estamos atados a la fidelidad y lealtad a nuestra pareja.

Como hijos estamos obligados a la obediencia, la ayuda en el hogar y el esfuerzo en los estudios. ¿Qué otra cosa haces? Los padres también necesitan cuidados, detalles de cariño y pequeños servicios, los cuales no piden y sin embargo, estarían muy agradecidos de recibirlos. Cabe hacer un paréntesis en el ámbito escolar: estudiar todas las materias a conciencia y con profundidad, entregando todo los trabajos solicitados, independientemente del gusto y preferencia que se tenga.

El comprometerse muestra una fuerza con enfoque de forma contínua. Si te comprometiste a luchar por un sueño, maneja la decisión que tomaste de luchar por eso que quieres, diariamente. Llénate de emoción y pasión para que lo que quieres lograr te exija más de TI mismo. Enamórate no sólo de las posibilidades de obtener lo que quieres lograr sino que también esté dispuesto a pagar el precio. El éxito no está ni va a estar en oferta; así que paga el monto total para obtener lo que TÚ quieres lograr. Nada que valga la pena se obtiene sin ningún esfuerzo. Cuando se lucha por un sueño nadie le exige nada, pero los resultados que quiere lograr si se lo exigirán. El propósito del compromiso es que se lleve a un estado mental y que adopte la actitud de hacer lo que se tenga que hacer y se haga una promesa personal donde se ate con el sueño para conseguirlo.

> **El éxito no está ni va a estar en oferta.**

El éxito está directamente relacionado al compromiso que tú tengas con tu sueño. Es una decisión personal de cuánto tiempo estás dispuesto a dedicarle a tu lucha para lograr lo que quieres. Ten en mente que lo más importante es la consistencia. El peligro mayor al cual puedes exponer a tu sueño es la actividad inconsistente y esporádica. Mantén la decisión de hacer las cosas, para lograr esto es importante que te fijes metas.

La persona comprometida es feliz con lo que hace hasta el punto de no ver el compromiso como una carga, sino como el medio ideal para perfeccionar su persona a través del servicio a los demás.

4.- Los Líderes aprenden a motivarse.

La motivación es lo que mueve a la persona a realizar determinadas acciones y persistir en ellas para su culminación. La motivación está relacionada con la voluntad y el interés. Motivación, en pocas palabras, es la voluntad para hacer un esfuerzo, por alcanzar las metas del individuo, condicionado por la capacidad del esfuerzo para satisfacer alguna necesidad personal.

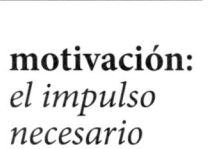

motivación:
el impulso necesario para que se ponga en obra una acción

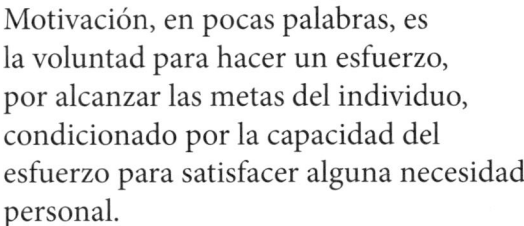

La palabra motivación deriva del latín *motus*, que significa movido, o de *motio*, que significa movimiento. La motivación puede definirse como el impulso necesario para que se ponga en obra una acción.

La motivación exige necesariamente que haya alguna necesidad o motivo de cualquier grado para que se lleve a la acción; este motivo puede ser absoluto, relativo, de placer o de lujo. Siempre que se esté motivado a algo, se considera que ese "algo" es necesario o conveniente. La motivación es el lazo que une o lleva esa acción a satisfacer esa necesidad o conveniencia.

¿Cómo te puedes motivar? La mejor manera de motivarte es llevándote a un estado mental donde tú mismo te provocas a la acción, ya sea a través de la lectura, audios de motivación, conferencias, o a través de un mentor. La realidad es que la motivación es una herramienta accesible para todo aquel que esté dispuesto a utilizarla para luchar por sus sueños.

5.- Los Líderes aprenden a tener confianza.

La confianza es la creencia en que una persona o grupo es capaz de actuar de manera adecuada en una determinada situación. La confianza se fortalece en función de las acciones. La confianza es una conducta futura. Es una actitud que concierne el futuro en la medida en que este futuro dependa de la acción de un otro. Es una especie de apuesta que consiste en no inquietarse si las cosas se hacen o no.

Hay que tener confianza en uno y en los demás. El término confiabilidad es usado generalmente para expresar un cierto grado de seguridad. Cuando se pierde la confianza es por agotamiento emocional. Bien el medio o la mala intención de la persona fomenta la incapacidad de cumplir con lo prometido.

confianza: *creencia en que una persona o grupo es capaz de actuar de manera adecuada en una determinada situación*

6.- Los Líderes aprenden a disciplinarse.

La disciplina es la capacidad de actuar ordenada y perseverantemente para conseguir un objetivo. La disciplina exige un orden y unos lineamientos para poder lograr más rápidamente los objetivos deseados, soportando las molestias que ésto ocasiona. La principal necesidad para adquirir este valor es la autoexigencia; es decir, la capacidad de pedirnos a nosotros mismos un esfuerzo "extra" para ir haciendo las cosas de la mejor manera. El que sabe exigirse a sí mismo se hace comprensivo con los demás y aprende a trabajar y a darle sentido a todo lo que hace.

La disciplina es indispensable para que optemos con persistencia por el mejor de los caminos; es decir, por el que nos va dictando una conciencia bien formada que sabe reconocer los deberes propios y se pone en marcha para actuar. Este valor es fundamental y básico para poder desarrollar muchas otras virtudes. Sin la disciplina es prácticamente imposible tener fortaleza y templanza ante las adversidades que se presentan día a día.

Siempre debemos estar conscientes del objetivo que queremos lograr y proponernos alcanzarlo; eso es eficacia. Ser eficaz es la capacidad de producir resultados. No solamente se debe dar en las áreas en que producimos cosas, sino también debemos dar resultados como alumnos, padres, hijos, hermanos y como ciudadanos.

disciplina: *la capacidad de actuar ordenada y perseverantemente para conseguir un objetivo*

Todo esto se ve reflejado cuando entregamos una tarea o un trabajo o cuando alguien espera algo más de nosotros; es decir, un determinado resultado. Lo que tenemos que dar es ese resultado y no podemos quedarnos en el esfuerzo ni en las buenas intenciones. Eso es ser indisciplinado e ineficaz.

La disciplina es el valor de la armonía, porque todo guarda su lugar y su proporción. Los seres humanos debemos atender a nuestra propia armonía de ser, pensando y actuando siempre en relación a un buen fin. Para conquistar este valor hay que empezar por aprovechar nuestra necesidad de orden en nuestras casas y para ello hay que tener un lugar para cada cosa y mantenerlo por medio de la disciplina, poner esas cosas siempre en el mismo lugar. También hay que practicar el orden en el hablar y en el vestir. "Quien hace lo que quiere, no hace lo que debe."

7.- Los Líderes establecen el aprendizaje como una alta prioridad.

Una educación inicial y continua para la formación de un líder es prioritaria. Esta educación no es necesariamente curricular o acreditada, pero sí es decisiva e indispensable. El suceso de aprendizaje para alcanzar un liderazgo tiene que ocurrir bajo la premisa de aceptar que "Querer es poder." La clave es que el "querer" es el alimento básico en la dieta mental para convencernos que podemos. En el Nivel 1, los educados tienen que darse cuenta de que ellos son tan buenos como los que ya son líderes quienes en su debido tiempo aprendieron y lo aplicaron.

8.- Los Líderes aprenden a buscar lo bueno de cualquier persona.

Los aspirantes a ser líderes tienen que darse cuenta de que las oportunidades para el aprendizaje están alrededor de ellos. La educación, la información, la perspicacia, la sabiduría y la experiencia, vienen de cualquier fuente. Nadie está "más abajo" del líder. Siempre habrá algo que aprender de cualquier persona. Aunque se trate del líder más encumbrado, los seres racionales nacimos con igualdad de derechos humanos. Podemos decirnos: "No soy más que tú, pero tampoco soy menos que tú," y si alguien quiere sentirse en algo superior a otro, citaremos lo que Dale Carnegie escribió: "Todo el mundo es tu superior de alguna forma u otra."

9.- Los Líderes aprenden de aquellos que tienen buenos resultados.

Aunque es verdad que algo puede ser aprendido de cualquier persona, es igualmente verdadero, que el mejor aprendizaje suele venir de la experiencia de esos que tienen buenos resultados en la vida; en particular, esos que tienen éxito en el área de producción en el cual estas personas han obtenido buenos resultados.

Pero concretemos más elocuentemente. ¿Acaso no tiene sentido aprender a ser médico cirujano dentista recibiendo la información y la experiencia de un afamado, experimentado y exitoso Estomatólogo (Dentista)? O ¿a alguien le perjudicaría recibir la orientación para comenzar un negocio para vender ropa de mujer de un empresario cuyas experiencias superaron todos los obstáculos y llegó a ser muy exitoso en la comercialización de lencería femenina? Y ¿a quién no le gustaría cuando tiene alguna controversia jurídica ser instruido y asesorado para defenderse por sí mismo, por el Jurista y Abogado más célebre y triunfador en los litigios más famosos?

Y de estas reflexiones, podemos sacar esta moraleja: "El éxito empieza acogiendo la información de la fuente correcta."

El éxito empieza acogiendo la información de la fuente correcta.

10.- Los Líderes aprenden a abrir sus mentes para comprender a la gente.

Los líderes saben que la gente es todo lo que su liderazgo significa y ellos entienden que es solamente a través de la gente que los líderes tienen influencia. Sólo con, a través de y para la gente, podrá existir un liderazgo. Tal vez ha escuchado alguna vez que "el recurso más importante de una organización es su gente." La declaración debería decir en realidad, "el mejor recurso de una organización es la gente adecuada," porque en la gente adecuada está el organigrama del espíritu y misión del progreso de las empresas bien organizadas.

Con la gente equivocada es simplemente lo opuesto (y todo el mundo sabe que lo opuesto de "pro-greso" es "re-greso"). Por lo tanto, los líderes tienen que hacerse expertos al tratar con la gente y saber distinguir cuál es la gente adecuada para contratar, reclutar, entrenar y desarrollar. Esto es muy claro, para conocer de las personas no es bueno generalizar, será mejor primero analizar para luego seleccionar.

Por lo anterior, los aspirantes a líderes, tendrán que mantener buenas disciplinas en el arte de relaciones humanas y esto no puede ser de un carácter superficial, habrá que humanizarlo y profundizarlo. No hay nada peor que un aspirante a líder halagado, lleno de habilidades y zalamerías con la gente, pero en su consciencia sabe que está operando extraviadamente, sólo para conquistar el enajenamiento de la gente. Esta es precisamente la diferencia. Porque el carácter sincero y humanista, es elemental para obtener credibilidad. De lo contrario, un carácter fingidor, estará muy expuesto y fácilmente detectable en todas y por todas las personas y de hecho, cuando aparece uno de esos falsos líderes, al ser fácilmente detectado su carácter arrogante, desde luego provoca el aburrimiento y la falta de atención a su peroración.

> Sólo con, a través de, y para la gente, podrá existir un liderazgo.

Entonces, es muy importante que si una persona quiere llegar tan lejos y está empezando el ascenso de los tres niveles de liderazgo, deberá forjarse un carácter humanista de honestidad y decencia, para que en verdad sus discursos sean la expresión de sinceridad de sus sentimientos. La verdad es que a la gene no le importa qué tanto sabe un líder, para ésta es más importante que el líder muestre respeto hacia ellos en su discurso. Si el líder tiene el carácter de expresarse apegado a la sinceridad, con franqueza y naturalidad, la gente va a confiar en él y lo seguirá. Hasta entonces y solamente hasta entonces, la participación y credibilidad de la gente empiezan a jugar un papel importante porque el buen líder contagia las destrezas esenciales con el manejo de sus alocuciones y sus argumentos son fundamentados y expresados con la emoción de su mente y los latidos de su corazón. Esta cualidad de carácter es muy importante. Un verdadero líder debería estar aprendiendo en esta área crítica todo el tiempo.

Simultáneamente, un buen líder tiene que informarse acerca de las expectativas de la gente a quien él es responsable de liderar porque esa gente necesita saber cuán importante son ellos para su líder. Los líderes sobresalientes son aquellos que demostraron sinceramente su interés en la demás gente. Dale Carnagie, en su libro Cómo Ganar Amigos e Influenciar a la Gente, dice: "Deberíamos imaginar a todo mundo que conozcamos, como si llevara un cartel invisible alrededor de su cuello que diga: 'Hazme sentir importante' porque a todos nos complace ser comprendidos, reconocidos y aceptados." Un líder extraordinario entiende esto y hace que su gente se sienta percibida e incluida en el proceso recíproco del común aprendizaje. Alternando este aprendizaje, se les facilita mucho el acercamiento con la gente. Un buen estilo puede ser recordar los nombres de estas personas y ciertos detalles de la vida de éstas. De la misma manera, encontrar algo en común y comentárselos con alegría.

~~~~~

Los líderes sobresalientes son aquellos que demostraron sinceramente su interés en la demás gente.

~~~~~

Imagínense al capitán de un barco a la deriva, buscando la orientación para encontrar un puerto en donde anclar y amarrar su nave. La eficacia de la orientación no se dará hasta cuando el barco ancló y amarró en el puerto más seguro a consecuencia de la eficiente comunicación que un experto le brindó al capitán (ambas partes se otorgaron la importancia debida).

La excelencia de un buen líder está en saber embarcarse con su gente en una eficiente y cordial comunicación, de una forma equivalente a la del capitán del barco y el experto que lo orientó, tomándose el tiempo para descubrir la aproximación de notas y objetivos, para encontrar el puerto de acomodo, luego anclar y amarrar una relación. Con esta imaginación, nos podrá quedar muy clara la importancia que un buen líder tiene que otorgar a la gente.

11.- Los Líderes aprenden la importancia de tener metas y objetivos.

Rara vez llegará el éxito si crees que sólo depende de esperar tu gran día de suerte o que alguien te sacuda una varita mágica en la cabeza para que pase, o peor aún, que algún día ganarás la lotería sin siquiera jugarla. Si piensas de esta manera ojalá alguien te sacuda, en vez de una varita mágica, una varilla de acero de una pulgada en la cabeza para ver si te das cuenta de cómo son las cosas. El éxito no llega sin un esfuerzo o planificación provocada. Es lo mismo con tu vida y tu negocio.

Aprender a tener metas es importante. ¿Cómo fijarse metas? La fijación de metas es algo complicado y difícil. ¿Cuándo es mucho? ¿Cuándo es poco? ¿Podré hacerlo? ¿Es lógico que no haya podido o soy un fracasado? ¿Vale la pena volver a intentarlo si ya me fue tan mal? La pregunta clave sería: ¿Cómo aprendo a fijar metas?

> El éxito no llega sin un esfuerzo o planificación provocada.

En inglés se cita muchas veces el acrónimo de la palabra inteligente (SMART) que resume de manera excelente cinco características en las cuales nos podemos apoyar sobre la fijación de metas en cualquier aspecto de nuestras vidas y negocios.

Specific (específicas / concretas)
Measurable (medibles)
Achievable (alcanzables)
Realistic (realistas)
Timely (hacer las cosas a tiempo)

¿Cómo se aplica esto a ti? Digamos que tu idea es tener una buena cantidad de socios. ¿Cuántos son? Es importante identificar cuánto es "una buena cantidad." Es importante entender que cuando nos ponemos una meta específica y concreta tenemos que tenerla presente y fija en nuestro pensamiento para que sea más fácil alcanzarla.

Muchas veces arrancamos proyectos esperando "que nos vaya lo mejor posible" sin tener una meta específica. Tener una actitud positiva no es malo; siempre es bueno tener ese tipo de actitud. Pero si lo que perseguimos no podemos dividirlo en pasos específicos y medibles, es más difícil alcanzarlo. Y lo que no se puede definir, no se puede alcanzar. En otras palabras, no puedes lograr una meta si no te has fijado una. Una buena pauta que puedes tomar para saber si realmente tu objetivo es concreto y medible, es poder explicarlo claramente y en pocas palabras a cualquier persona.

No puedes lograr una meta si no te has fijado una.

¿Cómo hacer tus metas alcanzables y realistas? Estableciendo un orden de importancia y dividiéndolas en objetivos de corto, medio y largo plazo. Esto te da diferentes metas a diferentes plazos, no sólo las haces más alcanzables sino que tienes menos presión de tener en la cabeza todo al mismo tiempo. Si planificas esto y determinas de antemano el tiempo que dedicarás y el momento en que harás cada tarea, las cosas se vuelven mucho más fáciles y medibles pues el hecho de poder fijar un tiempo estimado para cada meta te hace ser más organizado. Y por cierto, cumplir una meta es sumamente importante por más pequeña que sea. Pues el cumplirla te da la sensación de haber cumplido con lo planeado y observar el progreso por pequeño que sea, además de ayuda a seguir adelante con más ganas.

Por último, ¿Qué quiere decir hacer las cosas a tiempo? **No malgastes tus esfuerzos.** Asegúrate que tus metas sean un escalón hacia tus sueños. Si ya tienes una meta fijada y estás dispuesto a conseguir tu sueño, hazlo ya, no esperes hasta que tus hijos sean abuelos. Aprende a tener metas y objetivos y ahorrarás mucho tiempo consiguiendo excelentes resultados.

Alcanzar una meta, es como tiro al blanco. No puedes jugar al tiro al blanco, sino tienes un blanco. El líder comprende el valor de tener una meta. Si no tiene una meta, entonces, ¿Qué va a alcanzar? Si el líder pierde su meta, es como si perdiera su blanco. Este es precisamente el trabajo del líder: encontrar su meta cada vez que se le pierda. Es por eso sumamente recomendable la lectura constante, escuchar audios y asistir a eventos para mantenerse enfocados en sus metas. Recuerda, si no tienes una meta, jamás podrás alcanzarla. Si no tienes un blanco, jamás podrás pegarle.

12.- Los Líderes aprenden los procesos y métodos de ejecución.

¿Qué es un proceso? Es una forma específica de llevar a cabo una actividad. En muchos casos los procedimientos se expresan en documentos que contienen el objeto y el campo de aplicación de una actividad; qué debe hacerse y quién debe hacerlo; cuándo, dónde y cómo se debe llevar a cabo; qué materiales, equipos y documentos deben utilizarse. Esta secuencia ordenada de actividades da como resultado un proceso. Los líderes aprenden la serie de actividades encaminadas a un objetivo claramente definido. Lo fundamental de un proceso radica en la repetitividad.

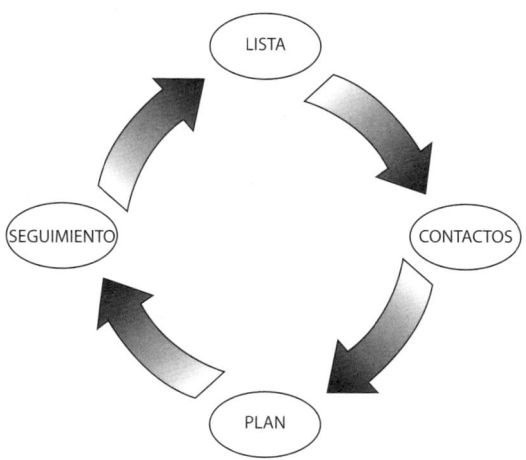

13.- Los Líderes aprenden acerca de las recompensas.

¿Qué es una recompensa? Es aquello que obtienes a cambio de un esfuerzo. Ningún líder que pretenda liderar desde cualquier nivel, podrá dirigir gustosamente, sin tener un entendimiento concreto de sus recompensas según el rendimiento en su campo de acción.

recompensa: *aquello que obtienes a cambio de un esfuerzo*

El líder, primero tiene que aprender a identificar su propio nivel de rendimiento para valorar y justipreciar las recompensas propias y las que correspondan a la otra gente en su organización. Esto es muy importante para su autoestima y motivación. Porque si hace un ejercicio de autocrítica, obtendrá un adecuado vistazo a sus avances y un motivo más para eficientar la ejecución de sus tareas. Un líder que descuida el aprender todo lo que haya que aprender en esta línea crítica sobre las recompensas, deja en el armario una herramienta inestimable.

14.- Los Líderes aprenden la historia de la organización a la que pertenecen.

Quienes no conocen la historia de los errores, fracasos, aciertos y éxitos de la organización a la que pertenezcan y en particular la de sus miembros, nunca podrán aprender de ellos y estarán condenados a repetir los mismos errores y fracasos. Pero quien aprende de los errores de los demás acelera su éxito.

El transcurso de la historia general, para los buenos líderes, nunca tiene que pasar desapercibida, porque está llena de sorprendentes experiencias. Por lo tanto, los líderes tienen que abrasar un interés proactivo en la historia de su organización, para aprender sus valiosas experiencias, ahorrando con ello, tiempo y energía. Quien ignora las huellas y enseñanzas de la historia, es como quien conduce su automóvil sin apoyarse en los espejos retrovisores para ver hacia atrás y no miran más allá de sus narices. Esta clase de líderes muy pronto se vuelven miopes y cortos de mirada. La ignorancia de las lecciones de la historia, sólo provocará falta de credibilidad y prestigio en cualquier líder con su gente, porque más de alguna persona en su organización, habrá vivido experiencias elocuentes al respecto y querrá aportarlas para el beneficio de todos.

Resultará muy sencillo aplicar un aprendizaje ágil y esencial de la historia de una organización, yéndonos directamente al grano enfocando las corporaciones que crecieron desde abajo. ¿Cómo lo hicieron? ¿Por qué tuvieron éxito? ¿Qué procesos fueron los que mejor les funcionaron? ¿Cuáles errores y desviaciones detectaron a tiempo para implementar innovaciones? ¿De qué modo se reactivaron para detonar un impacto mayor? ¿Cuáles fueron los conflictos que procuraron evitar? Estas y otras interrogaciones deben ser encontradas por un buen líder, ya que estas permitirán una vía corta, rápida y eficiente en el aprendizaje de la historia de las organizaciones exitosas.

Aprendemos más de nuestros fracasos que de nuestros éxitos.

Igualmente en las historias individuales, todos tenemos historias que contar. Las cuales son experiencias vividas de errores, fracasos y aciertos. Se ha dicho que nosotros aprendemos más de nuestros fracasos que de nuestros éxitos. Esto es válido tanto para una organización como para cada uno de sus integrantes. Nadie tiene por qué avergonzarse de los errores y fracasos del pasado, si tiene la inteligencia de reconocerlos y la voluntad de superarlos. Los líderes que tengan la habilidad de saber guiar sus seguidores, deberían estar continuamente escuchando las historias de estos seguidores para descubrir qué desviaciones en el andar no les funcionaron y por qué esto les ayudará a enderezar su camino y les pondrá un paso más cerca de lograr su objetivo.

Una vez despejados y tranquilos, de la historia obtendremos,la certidumbre de que los errores y fracasos son muy importantes. Si aprendimos sus lecciones, como quienes aprenden una lección de la experiencia, esto significa un grado más en el ascenso hacia el éxito futuro. De lo contrario, la historia y sus lecciones volverán a repetirse. De la disponibilidad de aprender de la historia, dependerá la rapidez de transitar hasta las metas del éxito que hayamos soñado.

15.- Los Líderes aprenden acerca del medio ambiente.

El medio ambiente en una organización, es la demarcación de hábitat y operación de sus miembros, por el que los organizados encabezados por su líder, tienen que cuidar para que siempre se respire un ambiente agradable, de solidaridad, seguridad, y respeto. Y sobre todo, que sea propicio para adquirir la certeza de que se vive diariamente obteniendo el poder para progresar con alegría. Bill George, en su libro "Liderazgo Auténtico" expresó: "El trabajo del líder es proveer un medio ambiente que dé poder." Los buenos líderes tienen que aprender acerca del medio ambiente en sus organizaciones y usar ese conocimiento para realzarlo y propagarlo.

En todas las organizaciones sociales, aun en las propias familias, las personas necesitan un medio ambiente encantador, atractivo, que los inspire de poder y ánimo, donde los errores sean aceptados para corregirse y los aciertos sean recompensados para que los procesos tengan sentido cuando obtengan y disfruten de sus buenos resultados. Y desde luego se verá, que en tales condiciones, la célula familiar en una organización puede prosperar. El marco donde se refleje todo esto, representará la decoración ecológica de la organización y la perspectiva del líder según haya aplicado su inteligencia y perseverancia.

> **"El trabajo del líder es proveer un medio ambiente que dé poder."**
> *-Bill George*

16.- Los Líderes consideran y calculan obstáculos propios y de la oposición.

Aquí tenemos que recordar que los sueños son fundamento y cimiento original de quienes buscan el éxito y que para realizar esos sueños primero tienen que buscar llegar a ser un buen líder, empezando por estar conscientes de sus limitaciones para conocer sus potencialidades. Tales limitaciones, las podrá identificar como obstáculos internos y obstáculos externos. Los obstáculos internos son aquellos que él puede resolver, estudiando, aprendiendo, entrenándose y capacitándose para poder superar las obstrucciones que se le vayan presentando en su carrera hacia el liderazgo.

Esto es como quienes aspiran a ser atletas de alto rendimiento, que desde la base y fundamento de sus 'sueños', se deciden, se preparan, se entrenan y se capacitan para ganar la carrera de los 100 metros. Vencen obstáculos para llegar a ser campeones mundiales u olímpicos. Y cuando los campeones se convierten en líderes, es porque van cambiando pensamientos que no les dan buenos resultados y resuelven a tiempo sus problemas. Además, son disciplinados en sus entrenamientos porque saben que con entrenamiento se aprenden nuevas técnicas y habilidades.

Esto no es nada nuevo. Albert Einstein hace muchos años sabiamente dijo lo siguiente: "No se pueden resolver los problemas aplicando los mismos pensamientos que los crearon"; y "El continuar haciendo la misma cosa pero esperando diferentes resultados es una locura."

> "El continuar haciendo la misma cosa pero esperando diferentes resultados es una locura."
> -Albert Einstein

Las personas que aspiren a cualquier liderazgo, tienen que entender qué obstáculo los puede estar deteniendo y valorar adecuadamente su tamaño. Solamente hasta entonces, las estrategias pueden ser implementadas para la superación de cada obstáculo. Y mucha atención, el entendimiento profundo del problema u obstáculo, es la parte más importante para resolverlo.

Ahora veamos lo que toca a los obstáculos "Externos." Son aquellos que no están en nuestras manos, porque son las estructuras, normas y regulaciones de la competencia en la que pretendemos un liderazgo. Invoquemos de nuevo al atleta de alto rendimiento. Éste, no diseñó la pista, ni sus reglas, ni los obstáculos y mucho menos escogió a los otros competidores que significan la oposición para que él llegue a la meta. Cuando toma en cuenta este contexto, es cuando adquiere la determinación de superar estos obstáculos.

Tienen que entender qué obstáculo los puede estar deteniendo y valorar adecuadamente su tamaño.

En el caso de nuestros 'sueños' de liderazgo, pueden compararse a los del atleta de alto rendimiento, porque nuestros 'sueños' para ser logrados tienen que respaldarnos a llegar ser un líder de alto rendimiento y en esta lid, siempre habrá muchos que se nos opongan y otros que siempre nos estarán murmurando y criticando para vencernos. Pero al identificarlos, valorarlos y respetarlos con nuestra decisión nuestro aprendizaje y nuestro entrenamiento, podremos superar los obstáculos que se presentan en el caminar hacia el éxito de nuestros 'sueños'. Y de paso, cooperar para el éxito de la organización o el equipo donde estemos afiliados.

Sin embargo, no es bueno sobredimensionar los obstáculos de la oposición, mucho menos preocuparnos. La mejor actitud será ocuparnos de ellos sin espantarnos, detectando sus limitaciones para atacarlos sin darle demasiada importancia. Ningún líder logra algo sin tener obstáculos de oposición o que alguien murmure y lo critique negativamente diciéndole que lo que "sueña" no se puede hacer. Y para esos agoreros del fracaso se les puede responder que: "Los líderes que se prepararon, aprendieron y triunfaron, son los que están ocupados haciendo las cosas que los críticos pusilánimes y cobardes rumorean que no se puede hacer."

Generalmente, el mejor antídoto para la crítica negativa, es el convencimiento de la seguridad en uno mismo de que se camina con rumbo seguro hacia el éxito. El aprender ese principio puede ser una de las lecciones más importantes que un líder haya aprendido.

Ningún líder logra algo sin tener obstáculos de oposición.

17.- Los Líderes aprenden de los buenos libros.

Para un prometedor aprendizaje, hay que echar mano de todos los medios de aprendizaje disponibles, como pueden ser los siguientes:
a) Libros de historia y de todo lo concerniente a la superación personal.
b) Grabaciones auditivas.
c) Vídeos ilustrativos que le muestren enseñanzas.
d) Intercambio de experiencias con líderes exitosos.
e) Apoyarse en entrenadores y mentores serios.
f) Actividades instructivas que lo mantengan en sus 'sueños'.
g) Ejercicios de control y medición del flujo y reflujo de su crecimiento.

Crearnos el hábito de la lectura, es empuñar una herramienta de trabajo para aprender. Por cuanto, hay que entender lo que dijo Harry Truman: "No todos los lectores son líderes, pero todos los líderes tienen que ser lectores."

Es un hecho que la mayoría de los grandes y célebres personajes de la historia contemporánea de América fueron lectores afanosos. Para don Miguel Hidalgo y Costilla, fue la lectura del humanismo y pacifismo evangélico de Jesucristo vinculándolos con los sucesos democráticos en Francia lo que motivó e inspiró su liderazgo; don Benito Juárez García, fue leyendo sobre los acontecimientos de cambios en Europa y los Estados Unidos como se motivó para estudiar y aprender los fundamentos del derecho individual e internacional; José Martí, sus conocimientos literarios fueron los que le despertaron sus habilidades para manejar la dialéctica como el mejor medio de comunicación y convencimiento por medio de sus epístolas poéticas y de profundidad observadora; el presidente Teddy Roosevelt fue famoso por leer al menos un libro diariamente y algunas veces dos, aun cuando ya era presidente; Thomas Jefferson compraba libros compulsivamente y se dice que los leía hasta con más vigor de lo que los coleccionaba.

Está claro, los libros representan el conocimiento acumulado de la sabiduría expuesta por las experiencias juveniles y seniles de sus autores, dichosamente las encontramos disponibles por sólo unas monedas. Añadamos lo dicho por Roy L. Smith: "Un buen libro contiene más riqueza que un buen banco." El leer un libro lo pone a uno en contacto con su autor. El lector quizá nunca tenga oportunidad de conocer en persona, tal vez por la distancia o por el tiempo, pero al ir leyendo experimentará el mejor acercamiento a sus riquezas que llevan a adquirir la experiencia del liderazgo. Charles Scribbler Jr. dijo, "La lectura es un medio del pensamiento con la mente de otra persona," y Ralph Waldo Emerson reflexiona: "Muchas veces la lectura de un libro ha hecho el futuro de un hombre."

> "Un buen libro contiene más riqueza que un buen banco."
> -Roy L. Smith

Pero cuando hablamos de leer buenos libros, no nos estamos refiriendonos a la última novela de suspenso que apareció

El Aprender

en el puesto de revistas, o al tipo de panfletos de publicidad mercantilista tendenciosa. Como dijo el escritor y evangelista A.W. Tozer, "El mejor libro es el que nos pone en el tren del pensamiento que nos lleva lejos y nos separa del mismo libro." Nuestra lectura debe ser motivada por nuestra necesidad y deseo de crecer como personas y para poder crecer como líderes, para estar de moda y de modo que la gente pueda confiar en nosotros.

El conocido pedagogo del siglo XIX, Dr. Samuel Johnson, discutía con el rey de Inglaterra quien le pedía que buscara libros para que sus súbditos se distrajeran entreteniéndose y disfrutando con fantasías y humoradas dramáticas y de esta forma le fueran más leales. Pero el escolástico le reputó: "Sí, señor, pero yo pienso en un mejor trato para vuestros súbditos. Nuestra lectura no debería ser solamente para disfrutar, sino que debería producir un crecimiento en nuestras mentes y en nuestras personas." Este ejemplo nos ilustra lo importante y cuidadosa que tiene que ser la calidad de los libros, de cuya lectura, dependerá la calidad de resultados que se produciría en el futuro.

> "El hombre que no lee buenos libros, no tiene ventajas sobre quien no puede leerlos."
> -Mark Twain

"El hombre que no lee buenos libros, no tiene ventajas sobre quien no puede leerlos," afirmó Mark Twain. Pero mejor hay que rendir homenaje a quienes sí aprendieron las enseñanzas de la buena literatura. Desde los celebres Adalides que hicieron épicas históricas de reconocimiento mundial como Martín Lutero, don Miguel Hidalgo y Costilla, don Benito Juárez García, Simón Bolívar, Mao Tse Tung, Gandhi, George Washington, Abraham Lincoln; y a escritores tan profundos y famosos como: Miguel Cervantes Saavedra, Antonio Machado y Ruiz, Denis Diderot, Francois Marie

> Murieron físicamente, sin embargo aún siguen siendo los líderes que continúan marcando el rumbo de la historia.

Voltairé, Gustave Flaubert, Noré de Balzac, José Martí, Hernest Hemmingway, Ralph Waldo Emerson, Francis Bacón y Albert Einstein; todos ellos sólo son una muy pequeña muestra de la enorme y formidable cantidad de hombres ilustres, que hicieron de sus hábitos, a la lectura como el alimento principal de su existencia, apoyándose en la literatura, retórica y filología de principios los humanísticos de Jesucristo, la humildad de Sócrates, la audacia filosófica de Pericles y otros más. Murieron físicamente, sin embargo aún siguen siendo los líderes que continúan marcando el rumbo de la historia.

18.- Hoy los nuevos Líderes aprenden de grabaciones auditivas.

Gracias a los sueños de los líderes del pasado, hoy contamos con las más modernas herramientas de aprendizaje, como son las grabaciones auditivas, las cuales representan singulares y múltiples ventajas al utilizarlas: nos dejan las manos libres para manejar un automóvil o en casa poder realizar otras actividades. Sin la necesidad de sostener u hojear un libro ahorramos tiempo al irnos directo al sentido y contenido de las lecciones y tareas del quehacer en el aprendizaje. Pero, sobre todo, tenemos la facilidad de seguir escuchando las lecciones, la síntesis y el fondo de un buen libro sintetizado en la grabación, hasta que consideremos haberlas aprendido. Seguramente caben en esta descripción muchas otras ventajas.

Una organización que piensa en el desarrollo eficiente de sus miembros, provee casi cada cuestión de las áreas de aprendizaje en grabaciones auditivas y las hace accesibles en discos compactos u otros medios, ya que son fuentes eficaces para el aprendizaje e inspiración de los "soñadores" que buscan un liderazgo dentro de la organización misma. Además de

El Aprender

que las grabaciones se pueden escuchar individualmente en cualquier lugar y sin molestar a nadie. Muchos han expresado la comodidad y rápido aprovechamiento obtenido al estudiar sus clases por la vía de grabaciones. ¡Si eso es cierto, las grabaciones auditivas son herramientas geniales para la educación!

Las grabaciones auditivas tienen el beneficio de la enseñanza a través de lo que el oyente escucha. Esto funciona en algunos casos variadamente. Porque algunos aprenden más de lo que ven, otros comprenden más de lo que escuchan y otros entienden más de lo que palpan leyendo el libro que tienen en sus manos. Pero sin desesperarnos, las tres herramientas significan una potente combinación. Con estos tres métodos de aprendizaje, la educación y preparación de las personas, aumentará progresivamente y la velocidad para alcanzar el liderazgo se elevará potencialmente dentro de su organización.

Conclusión: si queremos, podemos aprovechar una grabación auditiva, dándole un valor agregado a nuestro tiempo, mientras se está manejando un carro, cuando se está bañando, cuando se hacen los quehaceres en la casa que sólo requieran de las manos, etcétera. Y de esta forma, estaremos doblemente haciendo valer nuestro precioso tiempo.

19.- Los Líderes también aprenden de vídeos.

Los vídeos son una parte de la combinación del moderno aprendizaje, vinculándolos a la lectura de buenos libros y las grabaciones auditivas. Los vídeos proporcionan la comunicación visualizada con gráficas, diagramas, fotografías y otras formas de representación que son muy atractivas e ilustrativas de lo que se quiere enseñar y aprender.

Un famoso entrenador de ventas y autor, Zig Ziglar, dijo que más de dos tercios de la comunicación masiva o individual, "no es verbal." Y esto tiene mucho de verdad. Sólo pongámonos a observar los millones de millones de horas diarias de vídeo que los consorcios televisivos introducen diariamente hasta el último rincón de nuestras casas. Pero afortunadamente podemos evitarlos, neutralizarlos y supliéndolos con vídeos educativos que nos ilustren contenidos y componentes visuales de comunicación. Y que nos transporten hacia el aprendizaje y el camino correcto para llegar al liderazgo soñado.

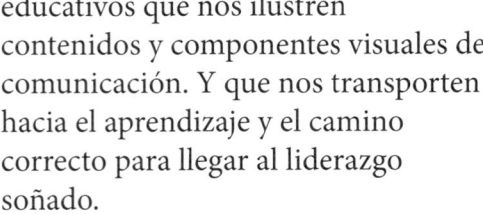

Más de dos tercios de la comunicación 'no es verbal.'
-Zig Ziglar

De tal forma, el camino correcto podremos convertirlo en una gran supercarretera del aprendizaje, para incrementar la eficacia del liderazgo y eso implica una continua circulación y actualización de vídeos instructivos e informativos.

20.- Los Líderes aprenden a convivir con líderes exitosos.

Un águila de altos vuelos jamás se juntará con una gallina, porque sus cualidades y objetivos son muy diferentes. Y para observar la relación entre las personas hay un dicho muy popular: "Dime con quién andas y te diré quién eres." Y es así, donde comienzan las relaciones sociales y como consecuencia la asociación entre las personas, por lo que si queremos ser alguien diferente a los del montón, tendremos que ser muy selectivos y andar al lado de personas de calidad que tengan un sueño. La calidad de las personas y su nivel educativo se manifestará como el resultado de las cosas que aprendió escuchando, leyendo, organizándose y guiándose por aquellas personas que lograron ser dirigentes o líderes exitosos. Porque nunca es igual amontonarse que asociarse y para que aflore la buena calidad y el buen nivel de una organización en la que participemos, es indispensable que primero este demostrado el éxito de quien guíe o lideré fundándose en el ejemplo de otros líderes o guías exitosos.

El Aprender

Encontrarnos con guías o líderes exitosos, parece difícil, pero no lo es. Las compañías serias, las organizaciones formales y las empresas en asociación exitosas y líderes en su ramo, con frecuencia y regularidad nos ofrecen el encuentro con personalidades exitosas y experimentadas a través de seminarios y simposios en las áreas de liderazgo de cada campo específico. Estos eventos nos ayudan en la búsqueda y capacitación de nuevos elementos humanos que sueñen llegar a ser exitosos como ellos.

En esos encuentros, de paso, se podrán disfrutar de las agradables experiencias que se viven en esos eventos. Es algo maravilloso el encontrarse con muchos aspirantes a líderes que comulgan con el mismo pensamiento de estar luchando por alcanzar metas y objetivos para volar hacia el éxito. Al asistir a seminarios, simposios y hasta conferencias, mínimo sacamos aclarar nuestras dudas con lo cual podemos reforzar nuestras creencias y convicciones, además de presentársenos la oportunidad de iniciar la construcción de una relación productiva y amistosa con aspirantes y líderes exitosos, cuya relación y amistad puede durar de por vida y ser mutuamente benéfica.

Hay que recordar, que tu negocio va a ser tan grande según qué tan grande sean tus relaciones. Los negocios son relaciones. Pues cualquier acuerdo es con un ser humano y no con una cosa.

> **Tu negocio va a ser tan grande según qué tan grande sean tus relaciones.**

Aprendamos algo al respecto de las exploraciones de algunos escritores. Robert Kiyosaki escribió, "El dinero que ganas va a ser un promedio de las cinco personas con las que te juntas más."

Otra historia muy elocuente acerca del poder de asociación, viene de Mark Víctor Hansen, co-autor de la popular serie de libros Chicken Soup for the Soul (Caldo de Pollo Para el Alma).

Cuenta que en su carrera tuvo la oportunidad de conocer al entrenador y autor Tony Robbins quien se preguntaba acerca de las cantidades de dinero que ganaba sin asociarse la gente del nivel profesional de Víctor Hansen, con quien él se juntaba regularmente para discutir carreras y compartir ideas. Hansen contestó que estaban desde los 5 a 6 millones por año. Robbins le informó que los asociados en su grupo de afiliación, estaban ya en los $100 millones por año. Y la diferencia de lo que ganaba cada quien, ilustró la obvia diferencia del dinero que se puede ganar dentro de una organización constituida con miembros excelentes.

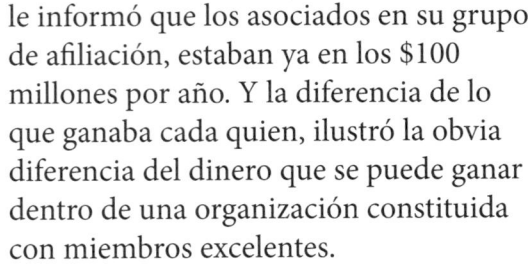

"El dinero que ganas va a ser un promedio de las cinco personas con las que te juntas más."
-Robert Kiyosaki

De lo anterior es fácil deducir que si individualmente no alcanzamos el éxito deseado, podemos averiguar las conveniencias de asociarnos con personas exitosas, leyendo libros exitosos y asistiendo a conferencias, simposios y seminarios, donde se estén presentando a esos que han tenido éxito en el campo que escogieron. Y sin temor a equivocarnos, encontraremos que valió la pena pasar el tiempo con esos de un nivel de aprendizaje y de éxito más alto que el de nosotros.

21.- Los Líderes aprenden el valor de tener un mentor.

Hay que buscar un mentor, porque él tiene lo que se puede llamar: "La madurez precisa de una fruta en el árbol" alcanzable para la manutención y sostén de nuestro aprendizaje, crecimiento y desarrollo. Los buenos mentores poseen los atributos que la experiencia les dejó, la ciencia y paciencia que les enseñó el agridulce de sus resultados y la vocación del maestro que aún mantiene por su convicción.

Andy Stanley en "The Next Generation Leader" (El Líder de

la Siguiente Generación) afirmó: "Nunca vas a poder maximizar tu potencial en ninguna área sin entrenamiento." Lo cual quiere decir, que es casi imposible o al menos muy difícil extender nuestras potencialidades sin el consejo u orientación de un mentor. Alguien puede ser bueno, inclusive, puede ser mejor que muchos, pero sin la ayuda externa de un maestro o entrenador, nunca llegará a ser tan bueno como pudiera ser.

> "Nunca vas a poder maximizar tu potencial en ninguna área sin entrenamiento."
> -Andy Stanley

La vida nos enseña que cuando el individuo se siente autosuficiente se convierte en un egoísta paralizado que sólo obstaculiza el desarrollo de los demás. Y por otro lado, las personas que admiten la asesoría y experiencias adecuadas son más colaboradoras, sociables, felices, dinámicas y productivas. Nunca se aislan porque saben que alguien más los está mirando y alguien más podrá resultar perjudicado o beneficiado con sus deficiencias o eficiencias de su participación donde se encuentren afiliados.

Vamos pues a tratar de explicar la convergencia, más claramente dicho, la línea de interacción, entre un "mentor" y un "candidato a liderar." Un mentor es el profesor o el maestro que ayuda a moldear la formación de la personalidad del aspirante. Lo podrá guiar a descubrir sus habilidades secretas. Además, el mentor es el técnico que comprende e instruye para elevar a otro nivel las potencialidades y destrezas del aprendiz. Por eso, quienes deseen un proceso de aprendizaje correcto y aspiren a cualquier liderazgo, si quieren alcanzarlo, tendrán que recurrir a un mentor y dejarse guiar por éste continuamente.

22.- Los Líderes aprenden de la acción.

Las herramientas y métodos de aprendizaje que hemos estado

proponiendo, podrían ser considerados como teóricos en sus principios básicos preliminares, pero cada uno de ellos nos irá llevando en el proceso de aprendizaje hasta cada uno de los pasos avanzados, para de ahí irles dando ACCIÓN hacia el aprendizaje de conocimientos prácticos y sólo practicando y accionando los pasos avanzados, podremos saber el grado y calidad de nuestros avances y realmente saber sus resultados. Y aquí cabría citar un añejo proverbio chino: "Si me lo cuentan, no lo creo; si lo veo, lo dudaré; pero si lo hago, lo sé."

> "Si me lo cuentan, no lo creo; si lo veo, lo dudaré; pero si lo hago, lo sé."
> -proverbio chino

Por eso es muy importante no quedar atrapado en los conocimientos teóricos. Una vieja moraleja dice, "No dejes que todo tu aprendizaje guíe tu conocimiento, deja que también te guíe la aplicación de ellos cuando los pongas en acción." La teoría sola no es suficiente, es como el calentamiento previo de un deportista para inmediatamente entrar en acción. Hay gente que sabe mucho pero que lamentablemente hace poco. No sirve de nada el saber sin hacer. El conocimiento debe materializarse con hechos.

Divaguemos un poco, haciendo un pequeño cuento:
En un lugar de la selva lacandona de Chiapas, había un indígena muy sabio cuyo nombre era el subcomandante Marcos, que guiaba acertadamente al pueblo de aquel lugar. Un día, alguien que quería ser su aprendiz, le preguntó cómo él había obtenido tan grandiosa sabiduría. El maestro le repuso: —La sabiduría viene de un buen juicio. —Pero el aprendiz insistió—: Pero ¿cómo se puede tener un buen juicio? —Experimentando suficientes malos juicios, —aclaró el maestro. No obstante, el aprendiz se quedó sin saber como llegar a ser un sabio.

Está claro que al aprendiz le hizo falta la tercera pregunta: ¿Cómo accionar lo aprendido de las experiencias de los malos juicios? Si le concedemos alguna lógica reflexión a este cuentito, tendremos que considerar que no es suficiente nada más percatarse de malas experiencias para que nos puedan servir, hay que accionar el aprendizaje efectivo que se obtuvo de ellas. Es en la experiencia valorada donde la verdadera educación ocurre. Los aprendices a líderes tienen que examinar todo lo que ellos aprenden de sus experiencias, para que siempre tengan la respuesta a la pregunta que le faltó al "aprendiz de sabio": "¿Cómo accionar lo aprendido de las experiencias?" y desde luego vincularlas a las reacciones del presente, preguntándose: ¿Cómo puedo aprender de lo que me está pasando?"

Warren Benis escribió: "Los líderes aprenden dirigiendo y ellos aprenden mejor al dirigir y enfrentar los obstáculos."

Y de todo lo anterior se puede sacar esta conclusión: **La teoría y la experiencia, conjugadas en una acción objetiva, será un excelente método detonador para aprender.**

> "Los líderes aprenden dirigiendo, y ellos aprenden mejor al dirigir y enfrentar los obstáculos."
>
> *-Warren Benis*

24.- Los Líderes aprenden a controlar el flujo de información.

El flujo de información al que diariamente estamos expuestos es el caudal que puede influir en la calidad del comportamiento de las personas. El aspirante a líder no es una excepción. Pero a éste le corresponde controlar tal información, a lo cual se le puede llamar "Aprender a controlar el flujo." ¿Por qué es tan importante controlar el flujo de información? Porque si no controlamos ese influjo, nuestro cerebro estará expuesto a una inundación de información proveniente de: puntos de vista miopes, opiniones intransigentes, comentarios amañados, chismes destructores, difamaciones gratuitas, calumnias descaradas, desinformaciones y propagandas sesgadas. Estrictamente no podemos permitir que nuestro cerebro se inunde con todo ese rió de basura, naturalmente, porque nuestro cerebro no es ningún cesto para la basura, es un órgano vital, que no debemos alimentar con "información chatarra." Será necesario destilar los elementos y escoger las fuentes de información que mantengan un sano crecimiento de nuestro cerebro y ¡NO nos sorprendamos! que esto nos llevará a abandonar algunas malas costumbres como gastar mucho tiempo frente a la televisión mercantilista, comprar y leer varios periódicos sin contenidos educativos de superación personal y la mala costumbre de escuchar las radiodifusiones novelescas y de noticias repetitivas y exageradamente alarmantes de locutores envolventes y poco serios. Si los bloqueamos, descubriremos que al abandonar estas y otras costumbres, dispondremos de mayor tiempo para invertirlo en algo productivo.

> **Será necesario destilar los elementos y escoger las fuentes de información que mantengan un sano crecimiento de nuestro cerebro.**

25.- Los Líderes aprenden a fundar conceptos básicos acerca de lo básico.

Diógenes, el filósofo griego (412-327 a. de J. C.) a quien le decían "el Cínico" porque criticó las costumbres y creencias convenencieras de su época, vivió en un tonel, porque aquellas costumbres superfluas de fastuosidades, holgazanerías, decidías y apatías lo contaminaban y le quitaban su tiempo. Afirmaba que, "El tiempo es la cosa más valiosa con la que un hombre puede fructificar."

Un día a plena luz del día, con un farol buscaba tan siquiera a un solo hombre, honesto e inteligente que comprendiera este criterio. Lo que sucedió fue que su propio emperador Alejandro Magno lo interpelara preguntándole si las divulgaciones contemplativas de su imperio no le parecían inteligentemente brillantes. A lo que Diógenes respondió que lo único que deseaba de él era que se apartase porque le quitaba la luz del sol.

Si transportáramos aquellas críticas y criterios de Diógenes a nuestros tiempos, lo más seguro es que estaríamos de acuerdo en que hoy, el mundo moderno está constituido por los monopolios televisivos, los tirajes exagerados y formidables de periódicos y la total y universal utilización del espacio radioeléctrico. Todos ellos, dedicados a la contemplación ininterrumpida que organiza el diluvio de "información" con el que quieren obligar al mundo a que vivamos en la ociosidad, la desidia y la dejadez. Y sin ningún respeto a nuestra privacidad, insisten en acaparar nuestro tiempo, día y noche, por todas partes. Permanentemente codician, piden, reclaman y suplican la atención de todas las personas, para volvernos desprovistos de defensas en el control de nuestro tiempo y así poder atraparnos. El tiempo que nos quite ese "diluvio de propaganda" es tiempo que inhibe a otros esfuerzos más importantes. Y es ciertamente tiempo robado por esos medios, es un gran obstáculo que impide el aprendizaje de algo valioso. Es decir los medios de comunicación nos roban la luz del saber.

> "El tiempo es la cosa más valiosa con la que un hombre puede fructificar."
>
> -Diógenes, el filósofo griego

En otro enfoque, los mensajes que quieren inculcarnos la mayoría de esos medios de difusión masiva, predominantemente están huecos, carentes de buen contenido para la superación del individuo. Son trampas festivas y mediocres, plagadas de ostentaciones y alardes de comunicación, que pretenden hacernos ver, que lo negro es blanco y que lo blanco es negro, confundiéndonos y buscando un efecto debilitador en nuestras actitudes y energías. Los que caen en sus trampas, comienzan aceptando lo anormal y lo defienden hasta el punto de llamar lo normal lo que es anormal. De pronto, pierden por completo el control de la información que recibe su cerebro y he aquí la consecuencia más fatal, pierden el control del flujo y reflujo de su crecimiento y de paso pierden el control de información de sus ingresos económicos. Esto último es precisamente la meta y objetivo de los mensajes del "diluvio de propaganda" aludido.

El arma y escudo mas fuerte para controlar el embudo de información hacia nuestras mentes es la vigilancia de los estándares de carácter, reforzándolos permanentemente con valores éticos. Para de esta forma, extender el control de información de los avances en conocimientos, hasta el claro conocimiento de las percepciones financieras, disponiendo de ellas con la rapidez de un "clic" o un "teclazo."

> **Los líderes auténticos, tienen que estar conscientes que tienen en sus manos el futuro de otros.**

Porque la responsabilidad del control informativo, tanto de las fuentes externas como de las internas de un conjunto asociado, es el compromiso de quien sueñe obtener un liderazgo, estando claro, que su compromiso, no se constriñe solo a su persona, es algo que afecta igualmente al grupo que pretenda liderar. Los líderes auténticos, tienen que estar conscientes que tienen en sus manos el futuro de otros, demostrando que tienen el control de sus flujos informativos.

Y para afianzar este capítulo, los creyentes podemos apoyarnos en una cita bíblica que reza así:
"Lo que es cierto, lo que es honorable, lo que es bien, lo que es puro, lo que es amoroso, lo que es de buena reputación, si hay alguna excelencia y si algo merece ser elogiado, deja que tu mente more en estas cosas."
(Filipenses 4:8)

El Aprender

Así mismo es. El controlar el flujo de información es controlar los pensamientos en los cuales tu mente mora.

Concluyendo este capítulo, podríamos decir que los líderes aprenden a concientizar los conceptos básicos de liderazgo acerca de lo básico. Es decir todo lo que sabe un líder lo aprendió desde abajo. Conforme el líder asciende a otro nivel de liderazgo, sigue perfeccionando lo básico. Por lo tanto, para mantenerse en cualquier nivel de liderazgo, el seguir aprendiendo y desarrollando lo más básico es fundamental para lograr los 'sueños', metas y objetivos.

Bajo ninguna circunstancia un líder exitoso debe olvidarse o alejarse del aprender. Mucho menos quien empieza a funcionar encaminándose a lograr un liderazgo en ascenso. Si comete el error de alejarse del fundamento de sus sueños, su productividad se verá en descenso o dando traspiés cayéndose y levantándose. Pero si corrige y aprende oportunamente del error de apartarse de lo básico y fundamental y trata con ahínco nuevamente, podrá reconvertir los grados descendientes a grados ascendentes.

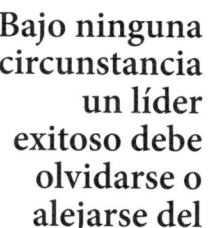

Bajo ninguna circunstancia un líder exitoso debe olvidarse o alejarse del aprender.

Lo positivo de semejantes circunstancias es que en esa nueva ascendencia es donde el líder en ascenso se hace fuerte y competente. Entonces podemos deducir, que lo malo no es cometer errores, sino que lo malo es no corregirlos.

Un buen ejemplo de este nivel de liderazgo, "El Aprender" es don Miguel Hidalgo y Costilla. Ningún perjuicio nos hará analizar una breve semblanza de un gran mexicano, que por su aprendizaje, marcó un hito en la historia hispanoamericana:

Don Miguel Hidalgo y Costilla

Conocido en el mundo con el sobrenombre de "el Cura Hidalgo". Nació en la hacienda San Diego Corralejo, en el estado de Guanajuato, México, donde su padre era el administrador. A quien dicen, le costaba trabajo aplacar las inquietudes y deseos de aquel niño que soñaba y quería estudiar para que sus padres dejaran de obedecer las ordenes de sus patrones. A los 12 años marchó a la ciudad de Valladolid (hoy Morelia) donde estudió en el colegio confesional "San Nicolás" e iniciándose para el grado de "Bachiller" hasta 1770, pero aquello no le llenaba sus 'sueños' y se marcho a la ciudad de México. Y en 1773, se graduó como Bachiller en filosofía y teología. (Obviamente, que en aquella época no existían escuelas laicas, mucho menos universidades con libertad de cátedra.) En 1778 fue ordenado sacerdote, y fue "cura" en varias parroquias.

Sin embargo, no se detuvo en su aprendizaje, y continuó su preparación académica. Escribía sus apuntes y los ponía en práctica con sus feligreses, la mayoría indígenas, concibiéndolo ya como un nuevo líder por sus ideas de la ilustración que desde luego influenciaban en el carácter de los indios. Por este hecho la jerarquía católica optó por reducirle su ámbito de influencia y lo nombró Rector, del mismo Colegio de San Nicolás, donde realizó una brillante carrera académica con la que provocó las críticas más severas y aberrantes de los élites gobernantes, poderosos comerciantes y de las familias criollas y españolas económicamente más acomodadas. Sin faltar las de sus superiores jerárquicos, quienes decidieron en 1803 degradarlo de aquel Liceo, enviándolo como cualquier simple "cura" al poblado de Dolores, donde la mayoría eran acaudalados Hacendados, pero ni ahí se dio por vencido. A los pocos indígenas esclavos que ahí habitaban, los reunía los domingos y días festivos, oficiándoles la misa desde mucho antes de que amaneciera, para luego enseñarles a cultivar viñedos, criar abejas, y a construir y administrar pequeñas industrias del vino, de la miel y la cera, así como a darles las primeras nociones de la comercialización de sus productos. Lo que le valió el prestigio y apoyo incondicional de aquellos aprendices de la libertad; pero a este tenor se acentuaron las críticas y presiones de los conservadores.

Por aquellos tiempos, ya soplaban los aires de la libertad y la democracia. Y al "Cura Hidalgo" nunca se le olvidó lo que aprendió en su oportunidad de preparación académica, donde pudo leer a Galileo Galilei, físico y astrónomo italiano (1564-1642) quien enunció la Ley de Gravedad de los cuerpos y el principio de la inercia. Además, inventó la balanza hidrostática, el termómetro y construyó el primer telescopio. Pero lo más relevante fue que por defender las probanzas de Copérnico, de que la tierra no es el centro del universo, fue torturado por la iglesia católica y obligado momentáneamente a desistirse del criterio de que la tierra es redonda y gira alrededor del sol. Y aún ya moribundo, se arrepintiera de aquella "blasfemia" y declarara que la tierra era plana y no se movía, que era el sol el que giraba alrededor de la tierra. Pero en su agonía finalmente expresó: "Sin embargo, se mueve".

El "Cura Hidalgo" descansaba estudiando, y fundó su aprendizaje en los conceptos del escritor Francis Voltaire,

> (1694-1778) quien fundó su moral en la tolerancia y la razón, con un espíritu práctico y sencillo. Y donde se encontraron las razones de la igualdad de la sangre en las razas y la fraternidad de los seres humanos. Donde hicieron estallar la primera revolución social europea, donde los normandos, galos y francos, pretendieron abolir la monarquía soñando instaurar la 1ª República Francesa, hechos que alentaron al general George Washington para derrotar a los ingleses y hacer votar la primera constitución de los EE.UU. (todavía vigente). Aquellos sucesos, don Miguel Hidalgo los estudió y vinculó con el "sueño y juramento" de emancipación americana de España. El "Cura Hidalgo" aprendió el significado de las lecciones de aquellos líderes y, en 1810 lanzó el famoso "Grito de la independencia de México", convirtiéndose en el paladín de la liberación de los indios y poco después dictó el Decreto de la Abolición Mexicana de la Esclavitud, fundándose en la teología cristiana de que todos los seres humanos nacemos libres sin más patrón que el de nuestra propia conciencia espiritual.

Resumiendo:
Los líderes que trascendieron en la historia, no triunfaron desde su primer nivel de liderazgo, "El Aprender", sino que continuaron estudiando y aprendiendo hasta que dominaron los fundamentos de su aprendizaje para escalar al siguiente nivel de liderazgo, "El Hacer."

IV

El Hacer

"Del dicho al hecho hay mucho trecho. Deja que tu trabajo hable por sí solo, o que los resultados hablen por sí mismos."

En cuanto al "Hacer", el carácter del líder es "Independiente": Un estado mental en el cual las cosas se hacen porque tú las haces.

Profundicemos un poco acerca de esta palabra. El Hacer es el exportar el saber a la acción. El Hacer es la oportunidad de expresar lo que sabemos. Es decir, el Hacer, es empujarse más allá de las fronteras del saber. Pues, saber por saber sin poner acción es sólo engañarse. Saber por saber, no es suficiente. Debe de haber una acción. Las acciones hablan más que las palabras. Hay mucha gente que sabe mucho, hasta las computadoras saben mucho, los cuñados sabelotodo saben mucho. Sin embargo, el saber no es suficiente sino es acompañado por el hacer. Hacer es la acción de poner en práctica lo que se aprende.

De la misma manera, hacer por hacer no es suficiente. Eso

nos lleva a cometer errores. Antes de hacer hay que aprender. Ejemplo de ello es cuando compramos un aparato electrónico. Si lo ensamblas sin leer las instrucciones y al conectarlo lo quemas, quiere decir que hiciste las cosas por hacerlas sin aprender primero. El hacer forma un hecho. Por lo tanto, la calidad de lo que hagamos manifiesta lo que sabemos. Y según la calidad de nuestras acciones, será el valor que le estemos dando a nuestro siguiente paso en la escalera del aprendizaje del "HACER." Para simplificar el tema, acudamos a la popular moraleja: "Del dicho al hecho, hay mucho trecho."

Al igual que esta moraleja, también podemos entenderlo de otras expresiones, como por ejemplo: tendremos que ser congruentes de HACER lo que decimos, porque la incongruencia es absurda y nos descobijará de credibilidad. Si no hacemos lo que decimos nos estamos engañando a nosotros mismos.

De nada servirá decir y decir que sabemos mucho o que tenemos grandes metas o queremos el bien para todos si nuestros dichos no se convierten en hechos. En el mejor de los casos, estas actitudes sólo podrán calificarse como buenas intenciones pero al descubrirse su inutilidad se les identifica como hipócritas finalidades.

Las acciones dicen más que las palabras.

Tenemos que estar conscientes, que las personas no pueden ver ni creer en nuestros pensamientos y expresiones de buenas intenciones, pero si podrán ver y creer en nuestras acciones. Es decir, las acciones dicen más que las palabras. No sean como el cuñado sabelotodo. Todo lo sabe, pero sus acciones dicen todo lo contrario. Hay un gran abismo entre el pensar y el actuar, el saber y el hacer. Un error en el que cae con frecuencia el cuñado sabelotodo es que juzga con base a lo que según sabe y piensa y no en lo que hace. Y como está seguro de lo que piensa, llega a creer que actúa de acuerdo con esos pensamientos.

Muchas personas van por la vida como simples espectadores y se convierten en comentaristas de los demás descuidando el actuar para hacer realidad sus sueños. Permiten que el miedo, la envidia, la inseguridad, la flojera, la indecisión los paralice. Cualquiera que sea la razón que lo esté deteniendo para alcanzar sus metas, el único remedio es la acción. La falta de acción es uno de los factores responsables por una gran multitud de sueños fallidos y vidas frustradas. Así que de ahora en adelante recuerde que toda meta, todo sueño, todo objetivo y propósito que desee alcanzar debe de ir acompañado por la acción, por el Hacer.

El propósito del segundo de los tres niveles de liderazgo, "El Hacer", es de llegar a Hacer las cosas. Si un líder nunca progresa más allá del nivel uno (Aprender), el/ella no logrará nada más. Eso se debe a que el Primer Nivel es solamente preparatorio para los niveles que vienen. Es en el Segundo Nivel de liderazgo donde se empieza a materializar lo que quieres lograr. En este capítulo, los términos "Nivel 2" y "Hacer" se usarán intercambiablemente. En el Segundo Nivel de Influencia, el joven jugador de balompié del último capítulo se está ahora enfocando en una ejecución fundamental y se va a dar cuenta que el saber patear con la izquierda le va a ayudar a ser un mejor portero, defensa, medio o delantero.

> **Para llegar a hacer las cosas se requiere cierta actitud. Todo empieza con un estado mental.**

Para llegar a hacer las cosas se requiere cierta actitud. Todo empieza con un estado mental. Sin el marco mental apropiado, sin un estado mental adecuado, cualquier otro pensamiento que una persona tiene limita significativamente El Hacer. El pensar adecuadamente es la fundación de acciones adecuadas y acciones adecuadas son lo que le da nacimiento a la ejecución, el hacer las cosas. Entonces para llegar a ser un Hacedor, lo cual es el siguiente paso en el camino para llegar a ser un líder, uno tiene que operar de acuerdo al siguiente estado mental. Los líderes del Nivel 2 entienden lo siguiente:

1.- El Hacedor entiende que los resultados vienen a través del esfuerzo personal.
2.- El Hacedor entiende que líder no nace sino se hace.
3.- El Hacedor sabe que no siempre las cosas le van a salir bien y mientras mejora alguien más las hace mejor.
4.- Los Hacedores saben que nada que no valga la pena viene fácil.
5.- Los Hacedores no esperan un trato justo.
6.- Los Hacedores saben que siempre habrán críticos.
7.- Los Hacedores saben que siempre habrá competencia.
8.- Los Hacedores entienden que todos tienen la oportunidad de decidir que tan duro trabajan.
9.- Los Hacedores saben que la actitud conquista las circunstancias.
10.- Los Hacedores entienden que el carácter los lleva más lejos que el talento.
11.- Los Hacedores entienden la importancia de tener un plan de acción antes de actuar.
12.- Los Hacedores no esperan las circunstancias perfectas para actuar.
13.- Los Hacedores saben que existe poder en la FE.
14.- Los Hacedores tienen iniciativa propia.
15.- Los Hacedores empujan a crecer y a mejorar.
16.- Los Hacedores se apoyan en un sistema de entrenamiento y crecimiento personal para seguir empujándose a sí mismos.
17.- Los Hacedores siguen los métodos comprobados.
18.- Los Hacedores trabajan como parte de un equipo en general.
19.- Los Hacedores edifican el liderazgo de la organización.
20.- Los Hacedores se apoyan en sus fortalezas y no en sus debilidades.
21.- Los Hacedores se enfocan en las prioridades.

22.- Los Hacedores mantienen una actitud positiva ante cualquier situación.
23.- Los Hacedores saben relacionarse.
24.- Los Hacedores, actúan con integridad.
25.- Los Hacedores tienen visión y demuestran convicción.
26.- Los Hacedores dan lo mejor en cada situación.
27.- Los Hacedores no son altaneros ni soberbios sino sencillos y transparentes.

1. El Hacedor entiende que los resultados vienen a través del esfuerzo personal.

En el Segundo Nivel de liderazgo, las cosas se hacen por que tú las haces. Exportas el saber a la acción. Nadie puede hacer por ti lo que tú no quieres hacer por ti mismo. Los logros son tuyos. El hacer las cosas es un paso vital para lograr tus metas. Si no lo das, es como si hubieses entrenado para los Juegos Olímpicos para competir en la carrera de los cien metros y que a última hora decidas no correr. ¿Tiene algún sentido esto para ti? Claro que no. De igual manera, ¿tiene algún sentido el saber exactamente hacia dónde quieres ir, qué es lo que deseas lograr y entusiasmarte con la posibilidad de poder lograrlo y después no hacer absolutamente nada al respecto? NO!

> **El esfuerzo personal es el primer recurso para cultivar el progreso.**

Tus resultados se extienden solamente tan lejos como tu propia habilidad de hacer y no más lejos. Este Segundo Nivel es crítico y puede tener un impacto significativo, pues la gente dices no acerca a tus metas, sino lo que haces. El esfuerzo personal es esencial para el progreso porque la producción es consecuencia del trabajo y el trabajo, como la física enseña, se genera por el esfuerzo aplicado sobre una determinada actividad. Toda aplicación al progreso, directamente, intelectual o manual, se construye desde el esfuerzo personal. El esfuerzo personal es el primer recurso para cultivar el progreso. Si se ignora el esfuerzo personal, el progreso se desvanece y el individuo se corrompe, pues empieza a buscar un atajo corto para evitar el trabajo. No hay peor cáncer en la sociedad que un individuo sepa lo que tiene que hacer y no lo haga. Decía Albert Einstein "El mundo es un lugar peligroso para vivir… no por la gente mala, sino por aquellos que se cruzan de brazos y no hacen nada y lo permiten." Es necesario estar persuadido de que el esfuerzo genera recompensa y mejora las condiciones de vida y no sólo en el aspecto material de mejorar los bienes que se puedan disfrutar, sino también en el bienestar del mundo. Para dar ejemplo de esto permítanme contarles un cuento.

Esta es la historia de un hombre que llega a una playa atestada de tortugas de mar, recién nacidas moribundas tiradas sobre la arena al no poder llegar al agua. El hombre ve a una mujer que, una por una, va recogiéndolas y arrojándolas de nuevo al mar.

La resignación, la excusa y la flojera, son realmente la plaga de nuestra sociedad.

Él le dice: "¿Por qué te esfuerzas? Hay miles de tortugas de mar en las playas del mundo, que tienen varios kilómetros de longitud y más playas al norte y al sur. No podrás devolverlas todas al mar, así que, ¿Qué diferencia puedes hacer?"

La mujer, que tiene en ese momento una tortuga de mar en la mano, la lanza al agua para que reviva y responde, "A ésta sí le ha hecho una diferencia."

La resignación, la excusa y la flojera, son realmente la plaga de nuestra sociedad. Nos sentimos tan insignificantes ante el bombardeo de negatividad a través de personas y de los medios de comunicación que nos autoconvencemos de que no podemos cambiar las cosas. Pero esto es totalmente falso. Y este cuento breve refleja muy bien nuestra capacidad individual de influir en el mundo. Así que ponte de pie y esfuérzate que del que se esfuerza es la victoria y de aquel que encuentra el placer en su esfuerzo.

2. El Hacedor entiende que el líder no nace sino se hace.

Para esos que son nuevos en el tema del éxito o liderazgo, parece común suponer que los campeones siempre han sido exitosos o que nacieron con una estrella. Nada de eso es cierto. Los campeones se hacen a través del compromiso de luchar por una decisión que tomaron. Ese compromiso hace que pongan el trabajo y mientras se mantienen en su lucha crecen, hacen cambios para mejorar y de tanto persistir con entusiasmo se dan cuenta que funciona y que no funciona y es ahí es donde se originan los campeones, en la persistencia. La persistencia es algo para el que la quiera agarrar. En un sistema como el que vivimos, de libertad de empresa, tu tienes la libertad de emprender algo y persistir. Así empezó el jugador de golf Tiger Woods, siendo un jugador persistente. Así Hugo Sanchez y Diego Armando Maradona, ambos estrellas del fútbol, lograron el éxito. Se dice que Hugo Sanchez, al igual que Maradona, después de sus entrenamientos aún continuaban horas practicando y mejorando.

> **El campeón no busca justificaciones del pasado, busca y encuentra soluciones en el presente para forjar su futuro y él persiste.**

Echemos una mirada a ciertas circunstancias. A veces hay tendencias fáciles para no querer levantarse a echar para delante y justificarse como: echarle la culpa al pasado, de lo que nos pasa en el presente, arguyendo: "Yo tuve una mala niñez," "He sido discriminado," o "No se me dieron los talentos que esos tienen" y hasta se flagelan aduciendo refugiarse en los sortilegios y desencantos; "yo nunca he tenido suerte," "a mi nadie me comprende" o "yo nunca seré dichoso." Estas frases son todas muy comunes. El campeón no busca justificaciones del pasado, busca y encuentra soluciones en el presente para forjar su futuro y él persiste. Sabe que de nada le sirve hoy, lo que en el pasado de nada le sirvió. Igualmente aprendieron que la buena suerte no es una buena estrella, ni es propiedad exclusiva de nadie y comprenden que solo es un mito o fábulas.

> ¡El líder no nace sino se hace!

"La buena estrella no existe y la persistencia todos la podemos ejercer, es la que orienta nuestros sueños y visiones, aprendiendo, y preparándonos, haciéndonos y forjándonos nuestro propio éxito."

Nada en el mundo puede tomar el lugar de la persistencia. El talento no lo va a tomar. No hay nada más común en el mundo que hombres con talento y sin éxito por la falta de persistir. De la misma manera hay genios o gente que sabe mucho o que cree que sabe y que intenta hacer algo pero no persiste y jamás logra lo que se propone. El mundo está lleno de gente educada en la ruina. Señores y señoras, la persistencia es omnipotente y está ahí para el que la quiera. ¡El líder no nace sino se hace!

3. El Hacedor sabe que no siempre las cosas le van a salir bien y mientras mejora alguien más las hace mejor.

Hay ocasiones en que sentimos que las cosas no nos salen bien y tendemos a desistir. Nos sentimos con falta de capacidad para hacer, recibir o aprender una cosa. En otras ocasiones nos sentimos con falta de preparación o medios para realizar una acción. Es normal sentirse así cuando uno está en las trincheras y es precisamente ahí donde nace la oportunidad para un crecimiento personal. Debido a que nuestro potencial es menor a lo que se requiere para obtener los resultados que queremos, es natural sentir un matiz de incapacidad. El Hacedor sabe que él tiene que tener éxito no obstante estos sentimientos, pues en la incapacidad de hacer algo nace en él la nobleza de aprender de quien tiene los resultados y el orgullo y la dignidad de que las cosas se hacen porque se hacen. En la ausencia de buenos resultados es donde elevas tu carácter. Es aquí donde tomas una decisión, o te rajas o continúas. El Hacedor continúa, pues él sabe que la persistencia es la clave.

4.- Los Hacedores entienden que nada que valga la pena viene fácil.

¿Qué es fácil? ¿Qué puede ser hecho, entendido o conseguido con poca inteligencia, poco trabajo o poca habilidad? Ejemplos pueden ser la risa o el llanto. Ambos surgen con poco esfuerzo. O el ser adicto a algo como la pornografía, el alcohol, las drogas, etc., pues la gente adicta se dejan seducir sin poner resistencia y sin poner esfuerzo. No señoras y señores, las cosas que valen la pena requieren de trabajo y crecimiento personal.

Luchar por una meta es una actitud, una manera de pensar, de actuar y de ser, un modo de vida que se refleja en ti por la satisfacción de saber que haces lo máximo para lograr aquello que quieres.

El esforzarse a lograr algo es un sentimiento. El individuo realmente exitoso no es exitoso sólo por momentos o en situaciones de triunfo. Una persona exitosa siente satisfacción en momentos de dolor, fracaso, rechazo y frustración. El sabe que cada día que pasa se acerca más a sus objetivos. Se mantiene firme, determinado y perseverante ante sus objetivos sin importar lo adverso de las circunstancias externas. Para este tipo de personas el fracaso es la mejor oportunidad de crecer y de aprender y saber que cada fracaso les acerca a la meta que se han propuesto. En las artes marciales la mejor manera de aprender a subir la guardia en un combate es recibiendo patadas.

> **El individuo realmente exitoso no es exitoso sólo por momentos o en situaciones de triunfo.**

La gente se burlaba de Edison cuando éste insistía e insistía en encender una bombilla de luz. "Edison, llevas cientos de fracasos, ¡ya renuncia!" le decían, a lo que Edison respondía: "Llevo cientos de éxitos y así he encontrado cientos de maneras de cómo no encender una bombilla." La actitud de un Hacedor no le da cabida a renunciar, no existen fracasos, sólo aprendizaje, placer y crecimiento personal.

> **El éxito exacta un precio que pagas, pero también entrega un premio.**

El éxito no viene fácil y si viene así, no es realmente éxito. Esos que ganan la lotería siempre pierden lo que ganan dentro de unos años y terminan peor financieramente que antes que compraran el boleto. Esto se debe a que ellos no aprendieron nada y no tuvieron el crecimiento personal que se obtiene mientras te esfuerzas a luchar por algo. Y sin las lecciones que trae mientras luchas por algo, la riqueza no puede quedarse.

El éxito exacta un precio que pagas, pero también entrega un premio. Siempre habrá un intercambio de esfuerzo por recompensa. Según tu esfuerzo es tu recompensa. Los Hacedores saben que nada que es bueno viene fácil y tampoco esperan cosas que pasen de la noche a la mañana. Ellos saben que el éxito siempre se encuentra al otro lado de la inconveniencia. Para ser un Hacedor se requiere cierta madurez donde se entiende que se trabaja para algo que no se ha visto todavía. El Hacedor tiene fe en los resultados solamente imaginados y persiste cuando otros se dan por vencidos.

5.- Los Hacedores no esperan un trato justo.

¿Qué es la justicia? En cuanto a lo material, la justicia es la virtud o hábito bueno de dar a cada uno lo suyo lo que le corresponde, lo que se le debe otorgar. En cuanto a cualidad personal, la justicia abarca otros aspectos más olvidados.

El Hacer

¿Qué aspectos olvidados abarca la justicia? El respeto a los padres y autoridades. Es justo obedecerles y respetarles. Es un deber respetarlos. El respeto a la dignidad humana. A cada persona se le debe otorgar un trato propio de un ser humano, que incluye evitar discriminaciones o críticas, o chismes. En general, cada uno es muy sensible a las injusticias que padece, pero es fácil olvidar las injusticias que hace padecer a los demás con burlas, críticas y desaires. Cuidando estas cosas mejora mucho el ambiente. Ejemplo de ello lo podemos ver en el siguiente poema de la Madre Teresa:

DE TODAS MANERAS

La gente es irracional, ilógica y autocentrada.
QUIÉRELA DE TODAS MANERAS.

Si haces bien, la gente te acusará de egoísta.
HAZ EL BIEN DE TODAS MANERAS.

Si tienes éxito vas a ganar amigos falsos y enemigos verdaderos.
TEN ÉXITO DE TODAS MANERAS.

El bien que hagas, se olvidará mañana.
HAZ EL BIEN DE TODAS MANERAS.

La honestidad y la franqueza te harán vulnerable.
SÉ HONESTO Y FRANCO DE TODAS MANERAS.

En lo que has pasado años construyendo
se puede destruir de la noche a la mañana.
CONSTRUYE DE TODAS MANERAS.

La gente realmente necesita ayuda, pero puede atacarte si tú le ayudas.
AYÚDALE A LA GENTE DE TODAS MANERAS.

Da al mundo lo mejor que tengas y te golpearán los dientes.
DALE AL MUNDO LO MEJOR DE TI DE TODAS MANERAS.

Miren a sus niños jugando y sólo dentro de un poco de tiempo alguno de ellos grita, "No es justo." Desde una temprana edad ya se tiene un sentido de lo que es justo o injusto. El Hacedor sabe que mientras lucha por algo van a haber situaciones que son injustas. El Hacedor no se detiene si alguien le trata mal, le hace trampa, le miente o le robe. El Hacedor toma esto en consideración y lucha por la excelencia de todas maneras, enfocándose solamente en lo que él puede controlar.

Los que jugamos deportes, sabemos que un equipo tiene que jugar siempre dando el extra para recompensar el mal arbitraje. Esto significa que algunas veces, si algunas veces el arbitraje no va a estar a tu favor. Un buen jugador espera esto y determina jugar lo suficientemente bien para compensar por llamadas injustas del arbitraje. Es por ello que cualquiera de nosotros que aspire hacerse un Hacedor tiene que tener este estado mental. Tenemos que prepararnos y ejecutar lo suficientemente bien para recompensar por lo que nos salga mal en el camino. La vida no es justa y tarde o temprano todos nos damos cuenta de esta verdad. El Hacedor sabe esto y gana de todas maneras.

> **El Hacedor sabe que mientras lucha por algo van a ver situaciones que son injustas.**

6. - Los Hacedores saben que siempre habrán críticos

¿Qué es una crítica? Es un comentario, verdadero o falso, sobre las vidas o cosas ajenas. En muchos de los casos la crítica pretende hablar mal de alguien, pretenden meter discordia o murmuración para desalentar o para enemistar a personas con otras o desacreditar algo o a alguien.

Hay gente que es influenciada por lo que dices o haces. La gente de opiniones de tu vida sin saber cuanto daño hacen sus comentarios. En San Mateo 15:11-19, Dios nos dice, *"No lo* que entra en la boca contamina al hombre; mas lo que sale de la boca, esto contamina al hombre…porque del corazón salen los malos pensamientos…los falsos testimonios, las blasfemias." El hecho que la gente te critique, sienta celos, envidias, odio, sentimientos negativos etc, eso no lo puedes tú controlar. Es problema de ellos.

En el fondo de la injusticia de las críticas, podemos encontrar lo positivo de ellas. Evoquemos a un clásico de la literatura hispana, don Miguel de Cervantes Saavedra. Sancho Panza, montando en su burro, alarmado le dice al caballero andante, "Don Quijote, los perros ladran" y don Quijote pacientemente le responde, "No te preocupes, ladran porque cabalgamos."

La gente normalmente no deposita buenos comentarios en tu vida. Es decir, cuando dices o haces algo no te dicen, "Oye fulano, qué bien lo hiciste, estoy orgulloso de ti, eres el mejor, etc." No, al contrario, en vez de depositar buenos comentarios en ti para darte valor e impulso, hacen lo opuesto. Dicen comentarios negativos, burlescos, sarcásticos con tono de envidia o celos que pretenden desanimarte, desalentarte, quitarte energía. Aléjate de esa gente. Son peores que un ladrón, pues el ladrón te roba sólo lo material, pero una persona que te desalienta a luchar por algo, te roba tus sueños, tus anhelos, que son más valiosos que cualquier cosa material. Ellos son más que ladrones.

> **Aléjate de esa gente.**

Entonces, señoras y señores, hay dos tipos de personas que les rodean. Las que contribuyen a que logres lo que quieres en la vida a través de comentarios positivos que te hacen sentir que tú puedes, o aquellas personas que te quitan valor a través de comentarios que provocan en ti desaliento.

En la jornada hacia el éxito, el ruido más alto que un Hacedor puede oír son los gritos de los críticos. Los críticos son numerosos y constantes. Ellos surgen de la nada cada vez que tratas de hacer algo que vale la pena. Los Hacedores saben esto y aprenden a ignorar a sus críticos, mientras permanecen enfocados en sus objetivos y propósito.

> "Un hombre no es dañado por lo que le pasa, sino por su opinión de lo que le pasa."
> -Michel de Montaingne

El filósofo moralista francés Michel de Montaingne (l533-1592) en uno de sus ensayos escribió: "Un hombre no es dañado por lo que le pasa, sino por su opinión de lo que le pasa." El ser un Hacedor tiene que envolver una piel gruesa. Una piel de rinoceronte. En la cual los piquetes de los moscos no impiden que el rinoceronte vaya tras su objetivo. Es decir, darnos cuenta de que quien dice que no se puede hacer algo, no debería estorbarnos parándose frente de alguien que está luchando por un sueño. Los líderes grandiosos a lo largo de la historia lograron sus propósitos sobrepasando los obstáculos de la crítica.

7. - Los Hacedores saben que siempre habrá competencia.

La competencia nunca duerme y es por eso que ganar es como perseguir un blanco que se mueve. Los Hacedores tienen que desarrollar una madurez para darse cuenta que siempre va a haber un rival en la oposición de tus logros. Este rival puede aparecer en la forma de una competencia saludable para un cierto puesto o logro, o puede ser alguien decidido a oponerse a tu éxito y trabajar para asegurarse de tu fracaso. Pero no importa cual sea la forma, la competencia es siempre opuesta, nunca está a tu favor. Los Hacedores saben esto y usan la competencia para mejorar. Como un atleta olímpico dijo una vez, "La competencia está sólo ahí para guardar mi honestidad, para asegurar que yo extraiga el máximo rendimiento de mí mismo."

8. Los Hacedores entienden que todos tienen la oportunidad de decidir que tan duro trabajan.

En la vida todos quieren ganar. Pero muy poca gente desea prepararse para ganar. No hay mucho que tú puedas controlar en esta vida, pero qué tan duro trabajas está dentro de tu control. Tienes que darte cuenta que tu meta va a ser simplemente un producto de todo el duro trabajo y buen pensamiento que tengas a lo largo del camino.

Un campeón de boxeo es campeón antes de que haya ganado por la preparación y el trabajo duro que puso. Ganar el campeonato es sólo la manifestación del esfuerzo que puso, pues el Hacedor trabaja duro cuando no hay aplausos u opinión positiva, confiando en el día que vendrá a que todo el trabajo duro que puso le traiga una recompensa.

> **No hay mucho que tú puedas controlar en esta vida, pero qué tan duro trabajas está dentro de tu control.**

9. Los Hacedores saben que la actitud conquista las circunstancias.

La actitud es la forma de actuar de una persona o el comportamiento que emplea un individuo ante una dada circunstancia. En este sentido, puede considerarse la actitud como un modo consciente de responder ante un problema o circunstancia social. Es decir, la actitud se refiere a un sentimiento optimista o pesimista ante un hecho social, o cualquier producto de la actividad humana.

La actitud es nuestra respuesta emocional y mental a las circunstancias de la vida, como por ejemplo si se te poncha la llanta de un carro, alguien te rechaza, u ofreces un producto y no te lo compran, etc. En ti está la forma de responder. Podrías responder de un modo ofendido, negativo, o quizás de un modo optimista, positivo, buscando soluciones. La realidad es de que la forma de responder está en tus manos.

La actitud es importante para el rendimiento de un líder. Zig Ziglar dijo, "Tu actitud, no tu aptitud, determinará tu altitud." La actitud de un líder es crítica para su éxito.

> "Tu actitud, no tu aptitud, determinará tu altitud."
> -Zig Ziglar

Uno de los secretos para tener y mantener una actitud positiva es enfocarse solamente en lo que uno puede controlar. Es decir, cuando tienes frío, no puedes controlar el clima, pero sí la ropa que te puedes poner.

10. Los Hacedores entienden que el carácter los lleva más lejos que el talento.

Por talento se entiende una habilidad o habilidades que caracterizan a un individuo que puede o no llegar a desarrollar al cien por ciento. El Hacedor no debe de depender cien por ciento de su talento, pues el talento lo llevará hasta cierta distancia durante cualquier jornada. Cada individuo nace en este mundo en un medio ambiente que le permite desarrollar ciertos talentos y con eso talentos también vienen al mundo con una serie única de circunstancias. La familia, la educación, las relaciones, etc.

Además, las características físicas son todas diferentes. Los niveles de talento en cualquier situación varían. Por ejemplo, en un maratón. La gente no es la misma, pero los resultados pueden ser igualados con esfuerzo y ese esfuerzo se llama carácter. El carácter de persistir, de mejorar, de tener disciplina, de tener fe, de aprender, tener humildad, etc. no lo traemos de nacimiento ni está de venta en ninguna tienda. Sin embargo, estas características sí las podemos desarrollar.

Es importante entender que no somos perfectos. Pero sí podemos aceptar que siempre podremos ser perfectibles. Eso se llama carácter y el carácter se forma. El esforzarse a hacer lo máximo desarrolla tu talento. Pero tu talento, por más bueno que sea no desarrolla tu carácter. Uno puede mejorar sus habilidades y controlar como usa lo que tiene. La batalla estratégica de perfeccionarnos día con día no podemos perderla, porque si la perdemos, habrán otros que harán las cosas mejores y recuerda que la competencia no duerme.

> El esforzarse a hacer lo máximo, eso desarrolla tu talento. Pero tu talento, por más bueno que sea no desarrolla tu carácter.

Ejemplo de ello son los deportistas. Alguien podrá tener el talento de jugar fútbol pero si no tiene el carácter de asistir a los entrenamientos, muy pronto este atleta, por más bueno que sea, va a estar fuera de condición y va a ir perdiendo gradualmente sus habilidades. Mientras otro atleta no tan talentoso, no sólo asiste a sus entrenamientos, sino que después de la práctica aún tiene el carácter de entrenar tres horas más para perfeccionar algunas fintas o tiros directos o indirectos. Eventualmente este atleta va a superar en condición y en habilidades al que sólo posee el talento y no el carácter de mejorar.

Entonces, señoras y señores, no nos durmamos en nuestros laureles dependiendo sólo de nuestro talento para lograr algún sueño, pues no siempre las cosas estarán a nuestro favor, porque habrán días que vamos a necesitar más que talento, necesitaremos carácter.

Como dice el dicho, "Si lo que hiciste ayer todavía se mira muy grande para ti, entonces no has hecho suficiente el día de hoy."

11. Los Hacedores entienden la importancia de tener un plan de acción antes de actuar.

Ahora bien, si a lo que hacemos le damos la importancia debida, pues habrá que planificar lo que tengamos que hacer. Desde luego que siempre tenemos la posibilidad de diseñar un plan, para no arriesgar nuestros 'sueños' con nuestras actitudes irresponsables de "ahí se va," abandonándolas al azar o la buena ventura como una nave a la deriva. Imaginemos al capitán de un avión de pasajeros que no tiene un plan de vuelo los resultados catastróficos que nos daría. ¿Cuántos 'sueños' de los pasajeros y de muchísimas más personas frustraría?

> **Si a lo que hacemos le damos la importancia debida, pues habrá que planificar lo que tengamos que hacer.**

Igualmente catastróficos han sido los resultados por falta de planes de una gran multitud de personas cuyos sueños fueron frustrados por sus guías o líderes al no planificar oportunamente. Y ¿cuántas otras personas van por la vida como simples espectadores, olvidando darle la importancia y certeza a sus quehaceres para hacer realidad sus sueños?

Cualquiera que sea la coartada o justificación de su indolencia, no podrán esconder ni encubrir su atraso o aplazamiento para alcanzar sus metas de superación cultural y económica. La única solución que podrán encontrar será abandonar la apatía, la desidia, la pereza y la indiferencia, para ponerse a delinear un buen plan.

No obstante, si el esbozar un buen plan es trascendente éste será ineficaz si antes no se entrena y se prepara y queda listo para dar el siguiente paso, que es accionarlo y ejecutarlo. Si no acciona y ejecuta su plan, es como si alguien hubiese planificado y entrenado para los Juegos Olímpicos en la competencia de la carrera de los cién metros y que a última hora, el miedo y la flojera se apoderan de él y decide no competir. ¿Tiene algún sentido esto para alguien? Claro que no.

De igual manera, ¿tiene algún sentido el saber exactamente hacia dónde y hasta dónde queremos llegar, lo que deseamos lograr y aprender, y nos ilusionamo y preparamos con la posibilidad de poder lograrlo, para luego "rajarnos" o echarnos para atrás, sin hacer absolutamente nada para reanimarnos? ¡Qué pena y qué vergüenza!

Entonces, si en nuestro plan ya le dimos la justa importancia y claridad a nuestros 'sueños' y nos entrenamos para lograrlos, pues no debemos menospreciar el crear las oportunidades que nos ayuden a materializar esa visión, tomando desde luego la decisión de accionar el aprendizaje y los entrenamientos donde invertimos el valor de nuestro tiempo. La acción es el HACER y hay que verlo como el único método que transformará nuestros sueños planificados en realidades dinámicas.

¿Qué es planificar? Planificar es desarrollar, elaborar, establecer, proyectar, programar, organizar y planear estrategias para obtener aquello que uno quiere lograr. Todos tenemos dos opciones en la vida cuando nos esforzamos a luchar por algo: Hacer las cosas al 'ahí se va', o diseñar un plan de acción. ¿Ha visto alguna vez a un arquitecto construir algo sin dibujar primero los planos? ¡Por supuesto que no! Lo mismo se aplica para ti si quieres lograr aquello que anhelas. Lo primero

Todos tenemos dos opciones en la vida cuando nos esforzamos a luchar por algo: Hacer las cosas al 'ahí se va', o diseñar un plan de acción.

que tienes que hacer es planificar. Piensa antes de poner la acción. Piensa en la forma de cómo llevar a cabo la idea. Fíjate metas, pon la acción, evalúa tus resultados y haz los ajustes necesarios. Recuerda que el planificar cómo lograr lo que quieres, es muy parecido a querer construir una casa. Se necesita el plano.

Si no sabes planificar, consulta. Así como lo hace el que va a construir una casa, consulta con el arquitecto. Fíjate quien tiene lo que tú quieres y toma la decisión de crear el puente de comunicación para pedir asesoría y consultar con esa persona.

No seas un Hacedor camaleón que a la hora de la acción cambia de color. Es decir, que después de elaborar un plan general y detallado, decides no hacer nada. Recuerda que un plan pobre puesto en marcha tiene la posibilidad de producir mejores resultados que un plan extraordinario sobre el cual nunca se actúa. La acción es el gran diferenciador. Ciertamente, empezar es más de la mitad del camino hacia tus metas; gran parte del trabajo ya se ha hecho.

> **Una meta que no vaya acompañada de un plan para su logro no es una buena meta.**

Una meta que no vaya acompañada de un plan para su logro no es una buena meta; y un plan que no se pueda traducir en acción inmediata no es un buen plan. La acción es el ingrediente que transforma tus sueños en realidad.

De manera que, frente a la meta o sueño que deseas alcanzar escribe una lista de aquellas actividades específicas que vas a poner en práctica y que te conducirán a la meta. Así que, examina tus acciones y determina qué metas están reflejadas en tu plan de acción.

El Hacer

12.- Los Hacedores no esperan las circunstancias perfectas para actuar.

No faltará quienes elijan sentarse a descansar antes de accionar, o pretexten que las condiciones no las sienten ideales para actuar, aplazando continuamente el accionar sus planes. Sin embargo, les citamos esta observación bíblica: Eclesiastés 11:4, donde el Rey Salomón nos comparte: *"El que al viento observa no sembrará; y el que mira a las nubes, no segará."*

En otras palabras, si esperamos a que las condiciones estén a nuestro favor para actuar, nunca lo haremos. Debemos entender que las condiciones las preparamos nostros mismos con nuestro aprendizaje y entrenamiento. Imaginemos, si don Benito Juárez, siendo un indígena que con muchas calamidades primero aprendió a leer y escribir y luego trazó sus planes; desde abajo se entrenó escalando conocimientos. Si se hubiera sentado a descansar esperando a que las condiciones le favorecieran, jamás hubiera sembrado la estructura básica del derecho individual y de los pueblos latinoamericanos a ser libres pacíficos e independientes, lo que le valió ser Presidente de México e históricamente un Líder universal. Lo mismo Majadma Gandhi, quien "soñó" y planificó la liberación política y económica de la India. Efectuó su aprendizaje en Inglaterra y se entrenó en Sudáfrica. Pero si se hubiera sentado a descansar esperando a que sus coterráneos le crearan las condiciones para que él entrara en acción, nunca la India hubiera llegado a ser la potencia económica que hoy es.

> *"El que al viento observa no sembrará; y el que mira a las nubes, no segará."*
> -Rey Salomón

Quizás algunos prefieran argumentar para justificar su flojera y apatía que esos personajes triunfaron y trascendieron en la historia porque eran "garbanzos de a libra" o seres humanos fuera de lo común, con habilidades innatas que los pusieron por encima del promedio general. Tal argumentación no es justa ni irrebatible, porque si así fuera, ¿Qué falta de respeto y reconocimiento para tantos y tantos, minusválidos, o con capacidades diferentes que han triunfado en cantidad de disciplinas artesanales, científicas, tecnológicas, intelectuales y deportivas? ¡Qué ceguera! ¡Qué desprecio! Para nuestra propia inteligencia y la de tantísima gente de diferentes razas humanas y variados estratos sociales que nos han demostrado, que por sus 'sueños', sus decisiones y acciones, alcanzaron a superar sus condiciones y lograron importantes cosas buenas en sus vidas y hasta para la humanidad misma.

Aun más, observemos la presente realidad que nos consta: ¿Acaso diariamente no vemos a tantos hombres y mujeres que han sacado a su familia adelante a pesar de haber perdido el empleo o haber enfrentado una difícil situación económica? Madres solteras que sin tener experiencias laborales sacan fuerzas de su necesidad y emprenden algo y tienen éxito. Empresarios que inician un negocio sin los recursos suficientes y gracias a su entusiasmo y su entrega construyen grandes empresas de lo que sólo era un "sueño." Y tal vez, hasta cualquiera de nosotros somos uno de ellos que ha vivido esa maravillosa experiencia de descubrir que es posible obtener logros a pesar de las circunstancias que enfrentamos y probablemente ya hemos experimentado que no es necesario contar con toda la información, conocimientos o recursos, para empezar a actuar.

Entonces, ¿por qué negarnos a echar andar nuestra inteligencia dejando nuestros sueños guardados en el baúl de los recuerdos? Y si para decidirnos, no fueron suficientes los grandes ejemplos anteriores, pues veamos los ejemplos más cercanos a nosotros de personas que a pesar de las circunstancias, han logrado grandes cosas y aquí podemos citarlos como una pequeña muestra: Tomas y María Santana, Gerardo y Martha Gerwert, Miguel y Francis Acevedo, Ignacio y María Mayorga, Beatriz de Jacinto, Gerardo y Graciela Suarez,

Rogelio e Isabel González, Teresa Echeverría, Ramón y Érica Estrada, Francisco y Gaby Sánchez, Heraclio y Joanna Puentes, Silvia Robles, Ricardo y Guadalupe Gallegos, Alberto y Minerva Vázquez, Jorge y Christy Banderas, Ubaldo y Juanita Gómez, José G. y Flor Jasso, Miguel y Rosie García, Alfredo García, Abel y Norma Rodríguez, Leo y Selene Ramírez, Ignacio y Violeta Landeros, Rubén y Alondra Osorio, Juan y Dora Cruz, Isidro y Ana Silva, Claudio y Bertha Canchola, Jorge y Mónica Martínez, Vicente y Juanita Navarro, Julián y Evangelina Gómez, David y Herminia López, Benito y Rita Gutiérrez, Leo y Silvia Gutiérrez, Sergio y Martha Aguilera, Jaime y Angélica Sánchez, Juan y Blanca Murillo y tantos y tantos más que nos resultaría una relación infinita de mencionar. Seamos justos y objetivos. A estas personas no les podemos escatimar nuestro reconocimiento a sus luchas, porque sus logros alcanzados también son heroicos.

> **Todos los seres vivientes nacimos con el deber de accionar el instinto innato de supervivencia en cualquier estación del año.**

Todos ellos, líderes históricos o presentes, está claro que pasaron por muchas peripecias temporales. De ellos podemos aprender que en la vida todos pasamos por días muy fríos y secos, a días soleados y lluviosos y que cada año enfrentamos diferentes estaciones climatológicas, como son la primavera, el verano, el otoño y el invierno, como un ciclo evolutivo de la naturaleza. Pero nuestra arma frente a la naturaleza es que todos los seres vivientes nacimos con el deber de accionar el instinto innato de supervivencia en cualquier estación del año.

Y así podemos ver a una cantidad infinita de líderes ignorados, que diariamente están en el HACER. En invierno pasando por retos económicos, o en primavera preparando las condiciones de su siembra. Otros en el verano cultivando para finalmente cosechar sus mieses. Pero nadie se afrenta o se aflojera aunque el tiempo no esté a su favor. Si esto es verdad, las personas debemos alcanzar nuestros objetivos planificando desde nuestro aprendizaje, nuestras capacidades, para continuar HACIENDO. Accionamos lo que está en nuestras manos, sin que nos detengan las condiciones meteorológicas del tiempo, para no dejar que las cosas que se van a dar, dependan 100% de las circunstancias, sino que dependan en mayor porcentaje de nosotros mismos.

13. Los Hacedores saben que hay poder en la fe.

¿Qué es la fe? Creencia, seguridad, certeza, confianza en algo sin necesidad de que haya sido confirmado. En Hebreos 11:1 se nos dice, *"Es pues la FE, la certeza de lo que se espera, la convicción de lo que no se ve."* Por FE Moisés salió de Egipto, no temiendo la ira del rey, se sostuvo mirando lo invisible. Por FE Noé construyó el arca y esperó el diluvio. Por FE don Benito Juárez, siendo un indígena, huyó de su pueblo para irse a la ciudad y con muchas calamidades primero aprendió a leer y escribir, luego trazó sus planes. Desde abajo se entrenó escalando conocimientos para luego convertirse en Presidente de México e históricamente un Líder universal. Lo mismo Majadma Gandhi, quien por FE soñó y planificó la liberación política y económica de la India que su aprendizaje lo efectúo en Inglaterra y se entrenó en Sudáfrica.

> Fe es aquello que crees en tu mente antes que lo mires físicamente.

Señoras y señores, la fe es acompañada por la acción. Fe es aquello que crees en tu mente antes que lo mires físicamente. El hombre es lo que él cree. John Stuart Mill escribió, "Una persona con una creencia es igual a una fuerza de noventa y nueve personas que el que tienen solamente un interés de lograr algo pero no cree." En el libro, 'Qué Decir Cuando Tú Te Hablas a Ti Mismo', el autor

Shad Helmstetter dijo, "El cerebro simplemente cree lo que tú le dices que crea. Cualquier pensamiento que has programado en ti mismo, o has permitido a otros que te programen, está afectando, dirigiendo, o controlando todo acerca de ti." David Schwartz dijo, "Cree, realmente cree que puedes tener éxito y lo tendrás."

La historia se ha dicho de un niño de una escuela rusa quien tenía una buena relación con su padre. Como una expresión de su amor, el padre regularmente le decía al niño, "Yo siempre estaré ahí para ti, hijo." Luego el día vino cuando el terremoto más largo que haya pasado en Asia, tumbó al piso casi todos los edificios del pueblo. Incluidos en la destrucción estaba la escuela a la que el niño estaba asistiendo.

> "Cree, realmente cree que puedes tener éxito, y lo tendrás."
> -David Schwartz

Durante cuatro días el padre escarbó a través de los escombros utilizando solamente sus manos pelonas. Escarbó solo, aunque de vez en cuando alguien que pasaba le ayudaba poquito. "Ya, ríndase," dijeron esos que vieron al padre desesperado, "Ya se murió." Pero el padre se mantuvo firme en su FE de que encontraría su hijo vivo. Finalmente, el niño fue jalado de los escombros, ¡vivo! Junto con otros niños de la clase quienes habían escuchado que el niño repetía constantemente: "Mi papá va a venir. Créanme, el vendrá. Él dijo que siempre estaría ahí para mí y él vendrá!" El niño y sus amigos estuvieron vivos sin comida y sin agua por varios días, sobreviviendo con la sola creencia de que serían rescatados. El papá del niño ejecutó una hazaña casi milagrosa para encontrar a su hijo todavía vivo junto con los otros niños.

Hay poder en la FE. Es un hecho que las creencias controlan la realidad. El creer obliga a los líderes a alcanzar lo que parece ser inalcanzable para otros. Permite que la gente empuje más allá de lo que parece imposible. Jala a la gente aun cuando toda la evidencia sugiere que ellos deberían de renunciar. Los Hacedores fomentan creencias que les permite hacer lo que ellos hacen. Las cosas buenas normalmente les ocurren a esos que creen que les va a ocurrir algo bueno.

14. Los Hacedores tienen iniciativa propia.

¿Tienes tú iniciativa propia? El verdadero Hacedor que tiene iniciativa propia es aquel que da comienzo o principio a una cosa. Germina ideas y las pone en práctica para después salir a sembrar de nuevo con su creatividad y su ingenio.

Alguien que tiene iniciativa propia no espera a que alguien lo empuje o motive. Toma riesgos, tiene empuje, iniciativa y creatividad para que las cosas sucedan y no solamente es espectador de que las cosas pasan. Cree en él y en su proyecto y lucha por sacarlo adelante a pesar de no controlar las circunstancias ya sean financieras, humanas o materiales.

> **El tener iniciativa propia es adelantarse a los demás en la realización de algo.**

¿Cuál es el perfil de alguien que tiene iniciativa propia? Es audaz, tiene confianza, es tenaz, es responsable, provoca que las cosas sucedan, tiene voluntad y pasión por lo que hace. No habla sólo del problema, sino que habla de opciones para solucionar el problema. El tener iniciativa propia es adelantarse a los demás en la realización de algo. Decidirse a actuar y no a esperar que le digan que hacer lo que ya sabe que tiene que hacer.

Alguien que tiene iniciativa propia es un emprendedor. Se denomina emprendedor o emprendedora a aquella persona que identifica una oportunidad, donde hay esfuerzo y trabajo y organiza los recursos necesarios para dar vida u origen a esa oportunidad y ponerla en marcha. Es habitual emplear este término para designar a una persona que encuentra una oportunidad de negocio o a alguien que empieza un proyecto por su propia iniciativa.

Las investigaciones de percepciones describen al emprendedor con términos como innovador, flexible, dinámico, capaz de asumir riesgos, creativo y orientado al crecimiento. La prensa popular, por otra parte, a menudo define el término como la capacidad de iniciar y operar empresas nuevas. De todas formas ninguna definición del acto de emprender es lo suficientemente precisa o descriptiva para señalar a la persona o grupo que en general (en sentido empresarial, social, investigativo o cualquier otro) desea ser innovador, flexible y creativo.

El término emprendedor deriva de la voz castellana 'emprender', que proviene del latín *in*, en y *prendĕre*, coger o tomar. Está estrechamente relacionado con el vocablo francés *entrepreneur*, que aparece a principios del siglo XVI haciendo referencia a los aventureros que viajaban al Nuevo Mundo en búsqueda de oportunidades de vida sin saber con certeza que esperar, o también a los hombres relacionados con las expediciones militares. A principios del siglo XVIII los franceses extendieron el significado del término a los constructores de puentes y caminos y los arquitectos. En sentido económico fue definido por primera vez por un escritor francés, Richard Cantillón en 1755 como el proceso de enfrentar la incertidumbre. Así se fue utilizando el término para identificar a quien comenzaba una empresa y fue ligado más que nada a empresarios innovadores.

La iniciativa propia no es una opción para un líder.

La iniciativa propia no es una opción para un líder. Es la responsabilidad de un líder de motivarse solo. Los líderes deben de moverse por sí mismos. Deben de tener autoarranque;

mover sus mecanismos para actuar. Es muy común ver a un líder en desarrollo preguntarle a su mentor si va a hacer una cosa o la otra. Es obvio que estos líderes en desarrollo necesitan que alguien los motive, que alguien les arranque el motor. Un mentor sabio les contestará que aunque él por más que quiera hacerles sentir lo que él quiere que sientan para arrancar, fracasará. Pues el sentimiento es personal. No hay fuentes externas en que se pueda confiar para proveer una motivación consistente a un Hacedor. Es un esfuerzo interno. Los líderes deben de abrazar esta verdad y esforzarse diariamente a motivarse para tomar iniciativa, ser autoarrancadores y hacer que las cosas sucedan. Ese hábito de automotivarse es un indicador de un líder que está madurando en su liderazgo.

15. Los Hacedores se empujan a crecer y a mejorar.

¿Qué es lo que empuja a un Hacedor a crecer y a mejorar? Puede ser quizás su sueño, la frustración, o la determinación de superar cualquier limitación.

Según el empuje es la fuerza que se obtiene para continuar. Puedes empujar a través de la frustración, de tu sueño, determinación o tu deseo. Tu capacidad de empuje es la capacidad de fuerza que acumulas. Es decir, tu nivel de fuerza está determinada por el nivel de frustración, sueño, o determinación. En una corrida de toros, el toro antes de salir a la plaza, lo primero que hacen es provocarle frustración a través de una chicharra eléctrica. Según el nivel de frustración del toro es el nivel de impulso, de fuerza, que va a tener el toro al salir a la plaza.

> **El empujar a mejorar puede proporcionar la energía que conduce a grandes logros.**

El empujar a crecer, mejorar, aumentar, acrecentar, renovar, regenerar, modernizar, enriquecer, despejar, aclarar, puede llevarte al éxito y proporcionarte la motivación para perseverar ante el desaliento y los obstáculos. El empujar a mejorar puede proporcionar la energía que conduce a grandes logros. Ejemplo de ello son los compositores. La atención meticulosa a los detalles necesarios para mejorar las notas. Su determinación los empuja a continuar trabajando hasta que la música refleja los sonidos gloriosos que suenan en la imaginación. Por otro lado, a los grandes artistas, el sueño los mantiene mejorando hasta que su creación encaja con su concepción. Todo resulta a través del empuje para mejorar y crecer.

Las personas que empujan a mejorar y a crecer, tienden a no procrastinar (posponer) su éxito. Los deportistas, científicos y artistas que frecuentemente muestran signos de empuje tienden a ser asociados con la superdotación. Piensa en un atleta estrella y te darás cuenta que detrás de esas habilidades hay días o quizás años de empuje por mejorar y crecer.

Señoras y señores, todos podemos empujar a mejorar y a crecer. Nadie ha logrado cosas grandiosas sin esforzarse a mejorar. Junto con el tomar iniciativa personal, los líderes tienen que aprender a empujarse más allá de las fronteras de su zona de comodidad. Esa es la tarea del líder. Llevarse a él mismo donde muchas veces ni siquiera el líder ha estado.

Los líderes tienen que aprender a empujarse más allá de las fronteras de su zona de comodidad.

Para hacer esto, los líderes tienen que abrazar la idea de estar incómodos empujando hacia un territorio que no es familiar. Cuando los líderes dejan de crecer, dejan de avanzar.

Es necesario que un Hacedor empuje. Los grandes logros están siempre localizados más allá de la comodidad. Las recompensas por los logros se esconden más allá de las fronteras de la comodidad, esperando a esos con las agallas y la disciplina para empujar duro, y experimentar un crecimiento personal, mejorar, actuar con coraje e ir a lugares donde no han ido antes para reclamar esas recompensas como su premio. En el mundo, los líderes que se empujan para crecer y mejorar conscientemente son los que logran el éxito. Los Hacedores saben esto y se empujan hasta que logran lo que quieren.

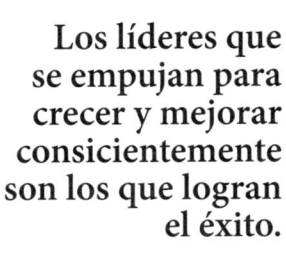

Los líderes que se empujan para crecer y mejorar consicientemente son los que logran el éxito.

16.- Los Hacedores se apoyan en un sistema de entrenamiento y crecimiento personal para seguir empujándose a sí mismos.

Cuando un Hacedor se empuja a sí mismo a mejorar y a crecer, pasa por etapas donde se puede dañar a él mismo. Esas etapas son el posponer sus tareas. Muchas veces se hablan a sí mismos diciendo, "No puedo empezar hasta que no sepa la manera 'correcta' de hacerlo," y el desprecio de uno mismo cuando se usa para excusar un mal rendimiento o para buscar la comprensión de otras personas: "No puedo creer que no sepa alcanzar mis objetivos. Quizás no nací para esto; si no, ¿cómo pude ser incapaz de hacer esto?"

El Hacedor a menudo es acompañado de baja productividad, dado aque pierde tiempo y energía en los cosas irrelevantes a lo que en realidad tiene que hacer. Esto lo puede llevar al desánimo, a la depresión, o la antipatía de los compañeros haciéndole sentir que no puede. Hay cinco características que conducen a un individuo a tener bajo rendimiento: a) procrastinación, b) miedo al fracaso, c) la mentalidad todo-o-nada, d) el perfeccionismo paralizante y e) la adicción a hacer cosas que no lo llevan a ningún lado. Todo esto le genera insatisfacción al Hacedor pues a menudo sacrifica actividades sociales y familiares para intentar alcanzar sus objetivos. En muchos de los casos los Hacedores pueden sufrir ansiedad, baja autoestima y hasta depresión.

Los Hacedores deben de apoyarse en un sistema de entrenamiento y crecimiento personal para enfrentar estas etapas y evitar dañarse a ellos mismos. Aquí es donde es sumamente importante que los Hacedores abracen un sistema de entrenamiento y el medio ambiente del aprendizaje de su organización. Esto significa tomar la ventaja completa de ello para ellos mismos, pero también haciéndose promotores del sistema para otros en la organización. De esta manera, el Hacedor amplifica su energía a lo largo de la organización, dándole poder a otros para aprender y crecer también y alentando a otros a afrontar su miedo al fracaso.

Es importante que los Hacedores le den la oportunidad a otros a que participen en un sistema de entrenamiento y crecimiento personal, pues quizás esos Hacedores están pasando por etapas críticas. Háganle sentir y saber que ahí hay algo para ellos. Aquí es donde sería de mucha ayuda si los Hacedores se tomaran el tiempo de conocer a la gente alrededor de ellos y ayudarles a crecer internamente.

17.- Los Hacedores siguen los métodos comprobados.

En todos los menesteres del hacer, todos estaremos pensando en como hacer las cosas más seguras y más rápidas y para cada cosa hay ciertas técnicas y estrategias. Cada organización tiene sus métodos que han comprobado su eficiencia a través de los años.

Los líderes en esta etapa deben de abrazar sólo métodos comprobados y esforzarse para hacerse expertos en ellos. Su objetivo es dominar patrones de ejecución para no fallar ni perderse en el camino. Tan sencillo como dicen los refranes: "El que da razón del camino,

Los líderes en esta etapa deben de abrazar sólo métodos comprobados y esforzarse para hacerse expertos en ellos.

es porque ya lo tiene andado," o "Nunca dejes el camino por desviarte en la vereda," o cuando Napoleón asombró a su cochero diciéndole "Despacio, que voy de prisa."

Siempre habrá un tiempo y un lugar para la innovación y hasta para un cambio radical, pero no es en este lapso. Si un líder no ha comprobado aun su dominio de las estrategias básicas y patrones, no tendrá la certidumbre de experiencias cuando trate de iniciar el cambio. En tales instancias, correrá el riesgo de trastabillar y equivocarse frente a los demás y podrán tomarlo como un individuo "poco serio" y su influencia lo más seguro es que se desvanecerá y esfumará.

Por lo tanto, debemos estar conscientes que el liderazgo requiere seriedad, responsabilidad y seguridad en uno mismo, porque un líder representa cierto influjo de autoridad moral.

> **La trampa en esta etapa del líder, al no tener los resultados deseados, es el tomar la iniciativa de buscar otros métodos.**

Un método es el modo estructurado y ordenado de hacer las cosas y obtener los resultados. Es decir es una manera fija de hacer las cosas ya sea por experiencia o práctica.

En cada organización, hay ciertas técnicas y estrategias que con esfuerzo, a través de los años, han comprobado que funcionan. Los Hacedores en esta etapa de liderazgo, deben de abrazar estos métodos comprobados y de esforzarse para hacerse expertos en ellos. Su meta es dominar estos procedimientos para obtener el resultado deseado.

La trampa en esta etapa del líder, al no tener los resultados deseados, es el tomar la iniciativa de buscar otros métodos. No es el momento todavía de hacer eso. Eventualmente va a haber tiempo para la innovación y hasta para un cambio radical, pero no es en este nivel. Si un líder no ha comprobado un dominio de los saberes prácticos, ya comprobados, o de las estrategias y métodos básicos, a través de resultados, entonces, no tiene en qué apoyarse cuando trate de iniciar el cambio. En esos casos, a él no se le toma en serio, pues no ha sido capaz de mostrar resultados y su influencia sería mínima. Recuerde, mucha gente se parece en lo que dice. La diferencia está en sus resultados. No trate de inventar algo sin saber que ya existe.

Recuerden, el liderazgo es influencia. Si un Hacedor no tiene un archivo de buenos resultados ese individuo no va a tener influencia. La manera más rápida y más segura de tener un buen archivo de buenos resultados es absolutamente conocer, dominar y mostrar buenos resultados usando el método ya establecido en una organización. Esto debería de ser la meta de cada Hacedor. Esforzarse para ser un Hacedor que toda la organización note sus habilidades con los métodos ya comprobados. Esto le va a dar una base o plataforma y la experiencia para que un día sea escuchado y ayude a mejorar el método ya establecido. Esa es la ruta de la influencia para hacer cambios.

18.- El Hacedor trabaja como parte de un equipo en general.

¿Qué es un equipo? Es un método de trabajo colectivo, coordinado, en que los participantes interactúan sinergizando en sus funciones teniendo todos claro lo que es la misión o propósito. La unión crea fuerza y avance. Simplifiquemos este concepto, de que "la unión hace la fuerza" porque en todos nuestros quehaceres, diariamente se nos presentan ejemplos indiscutibles. Citemos el más común: en el matrimonio. Si uno solo de los cónyuges pretende resolver todo lo inherente al funcionamiento de su familia, ¡Es muy pesado y le resultará muy complicado! ¡Casi imposible! porque para resolver todas las actividades domésticas y económicas nunca le alcanzará ni el

> **La unión hace la fuerza.**

tiempo ni las fuerzas. Pero si une sus esfuerzos con su pareja, forman un equipo y se duplica el tiempo y la fuerza. Asimismo sucede en el trabajo y en todos los negocios, formar un equipo es muy importante. Y aquí podemos agregar, la unión de muchas fuerzas es un equipo, no una tripulación y así descubriremos que podemos lograr más siendo parte de un equipo en general, que esforzarnos hacer algo por sí solos. ¿Qué tanto puedes lograr tú solo? No mucho.

> **La unión de muchas fuerzas es un equipo.**

Si los integrantes de un equipo no logran sinergizar es quizás por una o más razones. Falta de participación y resultados de alguno de los miembros, resistencia, rivalidad o competencia entre los miembros, integrantes desmotivados, negativismo etc.

Es importante entender que los conflictos son situaciones de crisis que surgen cuando las inquietudes de dos o más personas parecen incompatibles. Lo positivo, lo bueno de los conflictos es que provocan que aumente la creatividad, clarifica ideas, se aprende a conocer a los integrantes y sobre todo los conflictos provocan oportunidad para cambiar cualquier situación molesta.

Ray Croc, fundador de la Corporación de McDonalds dijo, "Ninguno de nosotros es tan importante como todos nosotros juntos y el éxito de crecimiento de esta empresa está a la vista en todo el mundo." Hay muchos ejemplos de líderes exitosos que aprendieron a valorar la acción de cada uno de sus integrantes, dándose cuenta de que cada uno de ellos es un punto de enlace con otros puntos o dientes de un engranaje más grande, correspondiéndole a cada diente ser una parte indispensable del enlace general en la cadena de engranajes para que funcionen y trabajen todos del modo que fueron estructurados. Por lo tanto, cualquier equipo que sueñe ser triunfador, podrá ganar, si cada uno de sus afiliados cumple eficientemente en el punto de enlace o nivel del engranaje que le esté correspondiendo.

19.- Los Hacedores edifican el liderazgo de la organización.

El Hacedor al darse cuenta de su papel dentro del equipo es sumamente importante edificar el liderazgo de la organización. Pues el Hacedor al edificar al equipo es como si él se estuviera edificando a sí mismo, pues él es parte del equipo. La edificación muestra convicción ypasión de lo que formas parte. ¿Qué significa edificar? En este uso significa, "Levantar a otros" a través de palabras y respeto. No significa ninguna clase de adoración o idolatría. El Hacedor, al edificar al equipo, ayuda a amplificar su trabajo y refuerza la unión del equipo en general.

> **El Hacedor al edificar al equipo es como si él se estuviera edificando a sí mismo.**

La edificación puede hacerse elogiándose con palabras entre los miembros, mostrando respeto a través de acciones y cuidando anunciar los logros del liderazgo. Esto es importante porque prepara el escenario de cómo el líder en desarrollo va a ser tratado por los demás conforme él va ascendiendo los Niveles de liderazgo en su propia jornada. La edificación retorna a la regla dorada: "No le hagas a otros lo que tú no quieres que te hagan a ti." Si un Hacedor busca constantemente lo bueno para el liderazgo de una organización y amplifica ese mensaje, eventualmente, eso bueno va a regresar hacia él como el eco multiplicado en las montañas que vuelve a nosotros después de haber sido reflejadas nuestras expresiones.

Es muy comprensible que al sumar puntualmente nuestros esfuerzos dentro de la estructura de un equipo, estamos construyendo simultáneamente un camino, en una dirección, en la que cada miembro del equipo camina ordenadamente, no amontonados. Si fueran tres los miembros de un equipo, uno iría adelante, otro en medio y el otro los seguirá. Pero cada quien será líder en su sitio y prestará su posición para edificar el liderazgo de la organización de su equipo. Otra vez, ¿Qué significa edificar? En este uso significa "Proyectar a otros" a través de palabras y respeto. No significa ninguna clase de adoración o idolatría, mucho menos expresiones de hipócrita zalamería.

> **El respeto, no es de quien lo merece, sino de quien lo DA.**

La edificación de los líderes en la atribución arriba de él es simplemente como un Hacedor amplifica honorablemente su trabajo, adereza, engalana, asea y refuerza la unión del equipo en general. Es también como él espera que lo respeten, haciendo patente la congruencia del estilo, aceptando que el respeto no es de quien lo merece, sino de quien lo DA. Tan sencillo como este dicho popular. La edificación mutua, recíproca y solidaria, es la que funciona eficientemente en una organización, mostrándose buenos modales y costumbres, a través de las actitudes y ponderándose los logros de cada liderazgo y en general los de la asociación. Todo esto es muy importante, porque prepara escenarios de agradable convivencia y esperanzas, de cómo el aspirante a líder va a ser tratado por otros, conforme él vaya ascendiendo.

20.- Los Hacedores se apoyan en sus fortalezas y no en sus debilidades.

Hemos escuchado decir un dicho muy popular que "cada cabeza es un mundo." Esto quiere decir que la gente no es creada igual para todas las cosas. La gente es desigual. Posee habilidades desiguales en cosas diferentes. Si asumimos que la gente no fue formada igual en todas las cosas, esto significa que la gente es desigual en cosas diferentes. Esto encarna que algunos son mejores que otros, en algunas cosas. Por lo tanto, los Hacedores, tienen que ser intuitivos y descubrir sus fortalezas y debilidades, para que éstas atingentemente las aprovechen hacia el éxito. Aceptemos pues, que nadie es bueno en todo, pero todos somos buenos en algo. El Hacedor se apoya y se enfoca en lo que es bueno para dar inicio al crecimiento de su organización mientras mejora en sus debilidades.

Las habilidades son características o aptitudes propias de cada persona que determinan y predicen la eficiencia de un individuo en lo que hace. El Hacedor debe de apoyarse como punto de partida, en lo que es competente. Es decir, el Hacedor tiene una serie de atributos que posee y que le permiten desarrollar una acción efectiva en determinado ámbito.

Dentro de las organizaciones los atributos de cada individuo son utilizados para potencializar y avanzar hacia los objetivos como también son utilizados para desarrollar al ser humano.

Todos los seres humanos tenemos cierto grado de competencia frente a una tarea.

Concretemos que todos los seres humanos tenemos cierto grado de competencia (habilidades) frente a una tarea. Nuestro trabajo es saber que tan competente somos en algo y apoyarnos en ello mientras desarrollamos nuestras debilidades.

21.- Los Hacedores se enfocan en las prioridades.

Los Hacedores, al planificar, deben de establecer lo que tiene mayor importancia y lo que requiere de mayor atención. Cada día puede traer muchos problemas y preocupaciones que necesitan atención inmediata. Sin embargo, es fácil permitir que estos problemas inmediatos dominen toda planificación a largo plazo. Todos necesitamos definir prioridades y asegurarnos que las cosas que hagamos vayan de acuerdo a eso que queremos lograr.

Nuestro éxito está determinado por la capacidad de enfoque. De otro modo, el tiempo avanza y no se detiene y miraremos hacia atrás al año pasado y comprenderemos que no hemos avanzado. Por lo tanto, señoras y señores, definamos nuestras prioridades para poder avanzar y evitemos las interrupciones comunes que toman nuestro tiempo y atención.

En lugar de siempre enfrentar lo inmediato o urgente, todos necesitamos asegurarnos de enfocarnos en lo importante. Pues las cosas importantes son aquellas que al hacerlas te acercan un paso más a aquello que quieres lograr.

> **Nuestro éxito está determinado por la capacidad de enfoque.**

Al definir tus prioridades, vas a concentrar tus pensamientos y al concentrar tus pensamientos, enfocas tus energías así como un rayo de sol. Los rayos del sol no queman hasta que los enfocas. Y esta sugerencia nos invita a predecir, que los Hacedores harán tanto, según el punto de interés y grado energético donde se sitúen para reflejar la dirección de sus destellos. Y quienes los encaren, igualmente se les iluminará el camino para despejar los obstáculos y los atolladeros que se les presenten en el hacer y les resultará más posible irlos desvaneciendo según la intensificación de la energía enfocada.

¿Qué es lo que importa ahora? El "Ahora" hay que interpretarlo como el "Ya." Hay que saber definir la importancia del momento. Los Hacedores ágiles tienen que mantener esa pregunta en mente para que puedan enfocar sus energías en la cosa más importante y en el momento dado. Concentrando en sus prioridades la energía para hacer mejor las cosas, dejando otras cosas para otro tiempo.

La mayoría de la gente trata de hacer mucho con poquito enfoque y terminan logrando absolutamente nada. Otra vez, los Hacedores se enfocan en las prioridades y concentran sus energías en las cosas importantes por hacer, dejando las cosas urgentes para después.

22.- Los Hacedores mantienen una actitud positiva ante cualquier situación.

La actitud positiva es la actitud mental adecuada en cualquier situación ayudándonos a resolver los problemas que puedan aparecer en nuestro camino. La actitud que tomas frente a los problemas o sucesos que se te presentan cotidianamente es finalmente la que determina la dimensión e importancia de los mismos. Recuerda que hay dos formas de ver el vaso: medio lleno y puedes alegrarte al observar la mitad llena o puedes preocuparte por la mitad vacía.

Esto no es ni más ni menos que una cuestión de dos actitudes antagónicas: la positiva y la negativa. Sin dejar de ser realista o soñador, puedes transformarte en una persona más positiva y creativa para vivir las circunstancias de una manera menos traumática y más relajada. Una actitud positiva ante la vida nos ayuda a tener siempre una visión mucho más optimista de la vida. Por eso, para dejar de ver todo negro y cultivar una verdadera actitud positiva, se han propuesto algunas reglas de oro que, si se siguen al pie de la letra, harán de ti una nueva persona:

1.- Relájate y respira profundo
Si algo te salió mal o te sientes un poco deprimido, lo mejor que puedes hacer es distenderte y concentrarte en la respiración. Se ha comprobado que los métodos de relajación ayudan a deshacerse de los pensamientos negativos, favorecen el control de las emociones y purifican el cuerpo.

2.- Haz lo que piensas
Si piensas una cosa y terminas haciendo otra totalmente diferente, te sentirás inconforme contigo mismo. Trata de evitar las conductas contradictorias, sobre todo si no quieres que te invada un profundo sentimiento de fracaso existencial.

3.- Aprende a ver el lado positivo de las cosas

Debes aprender que en la vida no todos los momentos son buenos, hay algunos peores que otros e incluso algunos son indeseables. La clave está en aceptar los hechos que son irremediables sin ningún tipo de frustración o enojo desmedido. Una reacción emotiva descontrolada o negativa para afrontar un momento duro en la vida es una clara muestra de debilidad y fracaso. Al contrario, la serenidad, el autocontrol y la visión positiva de las cosas son las mejores armas para enfrentar con éxito lo que te toca vivir.

4.- Evita las comparaciones

Para cultivar una actitud positiva nada mejor que ser uno mismo. Tanto las comparaciones como las idealizaciones de cómo deberías ser tú y de cómo deberían ser las cosas son muy perjudiciales para tu salud mental y tu autoestima. La frustración y la envidia que se genera al ver en otros lo que uno quiere ser son pensamientos altamente negativos que debes aprender a controlarlos para evitar sentirte deprimido. Lo mejor es aceptarte tal cual eres y tratar de cambiar aquellas cosas que te molestan de ti mismo, pero dejando de lado las comparaciones, pues cada persona es única.

5.- Vive el presente

Si piensas continuamente en lo que debes o puedes hacer en el futuro te pierdes de vivir el presente. Además este tipo de pensamientos alimentan la ansiedad y las preocupaciones y no te permiten disfrutar de los pequeños momentos que te da la vida. Para dejar de divagar y angustiarte por lo que todavía no ha sucedido, nada mejor que centrar todos tus sentidos en el aquí y ahora, sin dejar de lado los sueños y los proyectos.

6.- Olvídate de los detalles

La obsesión por la perfección sólo puede conducirte a la desilusión. Pues no todo es tan perfecto como siempre pretendes que sea, la vida está llena de pequeños detalles que la hacen encantadora y única. Si deseas que todo esté de acuerdo a tu esquema de valores te pasarás todo el tiempo tratando de acomodar esos detalles para que se vean perfectos, pero le quitará el sabor de disfrutar las cosas tal cual se presentan. Busca un equilibrio y deja de lado el exceso de perfeccionismo, te sentirás mejor.

7.- Piensa menos y actúa más
Del pensar pasa cuanto antes a la acción y permítele a tu mente recrearse a través de la acción. De esta forma elevas tus niveles de adrenalina y serotonina aumentando el optimismo y desechando los pensamientos negativos.

8.- Cuida tu imagen
Verse bien es una manera de sentirse bien. El cuidado personal te hará sentir más renovado y te ayudará a romper el círculo cerrado del pesimismo. Intenta cambiar de imagen regularmente y no dudes en arreglarte cada vez que sales de tu casa. Asimismo evita el encierro, esto te obligará a modificar tu aspecto.

9.- Presta atención a los demás
Creerte el centro del universo sólo alimentará las obsesiones que tienes por ti mismo. Poco a poco, comienza a centrarte en los demás y recuerda que ayudar al prójimo puede ayudarte a sentirte mejor y más positivo. Los problemas de los otros pueden hacerte tomar conciencia de que no todo lo que te pasa es tan grave.

Los líderes maduros entienden que no es lo que les pasa a ellos, sino que cómo responden es lo que cuenta. Stephen Covey, autor de 'Los Siete Hábitos de Gente Altamente Efectiva', explica que entre el estímulo y la respuesta, nosotros tenemos la opción de cómo vamos a reaccionar. Nosotros somos capaces de escoger cómo responder, negativo o positivo. Es ahí donde las buenas actitudes vienen del saber que tenemos una opción de cómo responder ante el problema.

La razón por la cual la actitud es muy importante es porque es contagiosa. ¿Has visto a alguien que tiene una actitud amarga al conversar con otros y menospreciar a todo y a todos? A esa persona se le llama "Paz." Es decir, hay mucha paz cuando esa persona se va. O por el contrario, ¿Has notado qué tan contagiosa puede ser una sonrisa? Ya todos sabemos que la gente que sonríe y siempre está de buena gana siempre parece que tienen muchos amigos. Entonces, por lo que pase, ya sea que está animado o desanimado, las actitudes son contagiosas y lo positivo es mucho más productivo que lo negativo.

Una vez, dos amigas conversaban en un restaurante llamado "Las Abuelitas." Durante la conversación salió el tema de los hijos. Una de ellas orgullosamente hablaba de su hijo quien había sacado muy buenas calificaciones en la secundaria. La mesera les pide la orden y reconoce a la mama felicitándola por su hijo quien se había graduado con honores. Mientras la mesera terminaba de felicitar a la mama, la compañera empezó a murmurar diciendo con un tono de crítica: "Qué mujer tan metiche que no sabe combinar su ropa y por lo que veo, tu hijo es un cerebro con patas que no disfruta de la vida por estar metido en los libros." Esto nos dice que hay gente que encuentra cosas negativas en cualquier situación.

> **Los Hacedores se echan una mirada honesta y trabajan activamente para encontrar lo mejor en cualquier situación.**

Alguna gente no está feliz hasta que no está infeliz. Y las malas actitudes no son pasadas por alto. Las malas actitudes son como la mujer embarazada, no se pueden ocultar. Las malas actitudes son notorias. Pues es fácil criticar, condenar y quejarse. Los Hacedores se echan una mirada honesta y trabajan activamente para encontrar lo mejor en cualquier situación. El tener una actitud positiva, como muchas de las otras acciones de un Hacedor, es realmente una disciplina.

23.- Los Hacedores saben relacionarse.

El vincularse con otros Hacedores es crucial para el desarrollo social, emocional y cognitivo del Hacedor. Hemos observado que los Hacedores con disposición a relacionarse son los que avanzan más cuando se trata de que se dupliquen, pues tienen un buen vínculo emocional con la gente que los rodea. Hay muchos Hacedores que se relacionan con sus socios desde pasar tiempo con ellos enseñadoles técnicas hasta practicar juntos como llevar algo a cabo.

Tener la habilidad de relacionarse maximiza la influencia de un líder. Recuerda, liderazgo es influencia, e influencia es pasar tiempo con la gente. Un líder tiene que estar relacionado con la gente. Esto significa, ser querido, sincero y ser "bajo de fricción," es decir, no siempre quiera tener la razón y no sea tan sensible. Los Hacedores que dejan un camino de relaciones rotas y sentimientos dañados, que golpean a otros con palabras y que actúan muy mandones, raramente tienen una influencia verdadera con la gente. Los Hacedores tienen que ser cautelosos y tomar un interés activo en otros. Los Hacedores tienen que preguntar, escuchar y al mismo tiempo ser cautelosos. Estas cualidades hacen que el Hacedor se relacione con otros y construya una confianza ya que la confianza es la base de las relaciones. Sólo con estos enlaces pueden los Hacedores tener alguna influencia en las vidas de otros.

> **Un líder tiene que estar relacionado con la gente.**

Abraham Lincoln, al inicio de su arrera política era un fracaso en su habilidad de relacionarse. Sin embargo, después de tantos fracasos, fue famoso por su habilidad de haber aprendido llevarse bien con todos. Fue algo que él activamente se provocó y buscó hasta que se hizo experto. En una ocasión mientras Lincoln era presidente, un caballero cascarrabias salió enojado de la oficina ovalada del Presidente y Lincoln dijo, "No me cae bien ese hombre. Voy a tener que conocerlo mejor." Esa es la actitud que un Hacedor debe tomar. No criticar sino tratar de comprender y aprender de aquellos que te incomodan. Los Hacedores son directos y sinceros y no tan fácil se les eriza la piel.

Los líderes hábiles, usan la paciencia y la inteligencia, respetando y aprendiendo de las cualidades de otros. Estas cualidades hacen que el líder crea la combinación de relaciones entre todo el grupo y construya una confianza y la confianza es el buen sabor en la degustación de las relaciones agradables y eficientes. Sólo con estas alianzas pueden los líderes lograr alguna aceptación en las vidas de otros o el beneplácito o aplauso de sus amistades. Recuerde, la gente primero quiere digerir al Hacedor, antes de asimilar su visión.

24.- Los Hacedores actúan con integridad.

La integridad es la moneda del liderazgo. La integridad de una persona consiste en su grado de honestidad y entereza. Es decir, en su carácter de firmeza y fortaleza para ser siempre congruente a sus valores morales. Este grado de carácter, lo podrá medir el Hacedor con el método de Desarrollo Trilateral, preguntándose si es totalmente integro con lo que dice y hace.

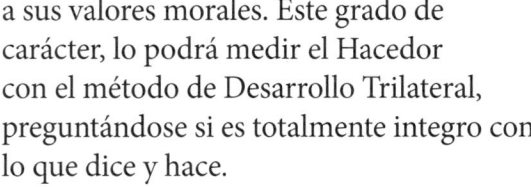

Un verdadero Hacedor no consigue las cosas a través de trampas y mentiras.

Un verdadero Hacedor no se queda con lo que no es de él. No hace trampa. No busca tomar ventaja de nadie. No se corrompe. No busca un atajo corto o el manipuleo del compadrazco. Un verdadero Hacedor no consigue las cosas a través de trampas y mentiras, sino a través de su esfuerzo personal.

Hablemos un poco de la honestidad. ¿Cuál es el grado

de decencia que sientes en cuanto al dinero? ¿Practicas honestidad? ¿Te quedas con lo que no es tuyo? ¿Mientes para tomar ventaja? ¿Cómo te percibe la gente en relación a tu decencia? ¿Inspiras confianza o eres ventajoso? Cuando se trata de dinero, ¿te gastas lo que no es tuyo? Estas son preguntas para una autoevaluación. Los Hacedores actúan con integridad.

25.- Los Hacedores tienen visión y demuestran convicción.

No hay fuentes externas o una tienda donde se pueda ir a comprar convicción o visión. Tener visión y convicción es algo interno, propio, adecuado, autónomo, soberano e independiente. Los Hacedores deben de abrazar esta verdad y enfocarse diariamente en sus 'sueños' para motivarse y habituarse a ser autoarrancadores y ejecutar. Este hábito es un indicador seguro de un Hacedor que está madurando en el proceso de su desarrollo.

Los Hacedores se ganan la credibilidad de su organización al adoptar convicción en lo que hacen y demostrar que lo pueden hacer. En muchos casos, la organización no va a ver lo que ve el Hacedor, pero sí puede ver y sentir la convicción y la pasión que tiene el Hacedor ante lo que ve y hace. En muchos casos, la visión del Hacedor es más amplia y difícil de captar por el resto de la organización. Por esta razón puede ser difícil para los miembros de un equipo creer en la visión del líder, pues su visión está más allá de lo que pueden captar.

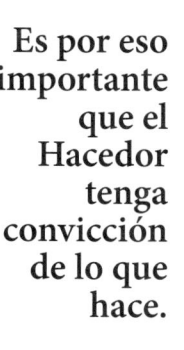

Es por eso importante que el Hacedor tenga convicción de lo que hace.

Creer en la visión del Hacedor es importante para la organización. Aunque en muchos casos los miembros creen primero en el individuo (el líder Hacedor) que en su visión. Lo que tiene que pasar primero es que la gente crea en el líder primero. Por eso es importante que el Hacedor tenga convicción de lo que hace. Y con la convicción que tiene el Hacedor, el resto del equipo arranca. Los miembros, al arrancar con la convicción del líder, eventualmente van a desarrollar gradualmente su propia convicción al punto donde ambos, tanto el Hacedor como los miembros van a entrar en dinamismo.

26.- Los Hacedores dan lo mejor en cada situación.

La vida no se ensaya y luego se vive. Trata de dar lo mejor de ti. Según Helen Keller, "Cuando hacemos lo mejor que podemos, nunca sabemos qué milagro se produce en nuestra vida o en la de otros." Veamos este cuento:

Un hombre fue llamado a la playa para pintar un barco. Trajo con él pinturas y pinceles y comenzó a pintar el barco de un rojo brillante. Así como fue contratado para hacerlo.

Mientras pintaba se dio cuenta que la pintura se derramaba por el fondo del barco. Vio que había un agujero y decidió repararlo. Cuando terminó de pintar recibió su pago y se fue.

Al día siguiente el propietario del barco buscó al pintor y de agradecimiento le dio un cheque con una buena cantidad.

El pintor se quedó sorprendido y le dijo: —Señor, ya me pagó por la pintura del barco.

—Mi querido amigo, usted no comprende, dejeme contarle lo que ha sucedido —le contestó—. Cuando le pedí que pintase el barco, olvidé decirle lo del orificio. Después de que pintó el barco y se secó la pintura mis hijos subieron al barco y salieron de pesca. Yo no estaba en casa en aquel momento. Cuando volví y me di cuenta de que habían salido con el barco y quede desesperado pues recordé que el barco tenía un agujero. Imagine mi alivio y alegría cuando los vi retornando sanos y salvos. Entonces examiné el barco y sucede que usted lo había reparado. ¿Entiende ahora lo que hizo? ¡Salvó la vida de mis hijos! No tengo dinero suficiente para pagarle por su pequeña buena acción.

No te limites a hacer apenas lo que esperan de ti. No importa para quien, cuando y de qué manera. Da lo mejor de ti siempre. El ser humano difícilmente se olvida de las cosas buenas que hace y de los buenos recuerdos. Así que procura dar lo mejor para que al final de tu vida, estés lleno de buenos recuerdos. Y quien te recuerde hará lo que tú hiciste. Así que da lo mejor de ti.

Siempre vas a tener la opción de dar lo mejor de ti. ¿Qué es lo que hace exitosa a una persona y a otra no? Pues precisamente es "dar lo mejor de uno mismo." Pues el dar lo mejor de ti eleva tu orgullo, alimenta tu autoestima, con una sensación de haber cumplido con contigo mismo.

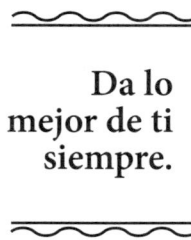

Da lo mejor de ti siempre.

Las personas que han merecido ingresar como famosos e inolvidables al mundo de la historia universal, han sido personas que en varias ocasiones eligieron dar lo mejor de sí. En esos momentos climáticos de sus vidas nunca se conformaron con menos del ciento por ciento de sus capacidades utilizadas al máximo. Fueron personas que en momentos decisivos de sus vidas, comprendieron la infinita potencialidad del hombre y reclamaron su ser, convirtiéndose en entrañables ejemplos a seguir. Una persona de esta talla, un ser humano de esta altura es quien disfruta de ser quien es. Son personas que disfrutan el placer del deber cumplido, al máximo.

Con certeza tú has tenido momentos así. ¿Recuerdas qué se siente? Si analizas tu vida y encuentras algunos momentos de gran esfuerzo, momentos en donde te tuviste que desvelar hasta altas horas para llevar algo a cabo, momentos en donde tuviste que dejar de hacer algo que te encantaba, pero que tu compromiso por lograr un resultado te obligó a ello. Si recuerdas qué se siente en esos momentos en los que permaneciste incluso hasta fines de semana, ¿te acuerdas? Estoy seguro que sentiste una indescriptible sensación de heroísmo.

Cuando una persona da lo mejor de sí, está lo más cerca de ser un auténtico héroe. Cuando das lo mejor de ti mismo, ten la plena seguridad de que a alguien estás salvando, ya sea que estés consciente de ello, o no, al final de la historia, siempre pasa así. Tu ayuda siempre salva. Tal vez por eso, en momentos de dificultades es cuando se gestan los grandes líderes. Las épocas de crisis, los momentos de retos y desafíos, son sin lugar a dudas, excelentes 'caldos de cultivo' para auténticos héroes, para personas que muchos identifican como genios.

> **Cuando una persona da lo mejor de sí, está lo más cerca de ser un auténtico héroe.**

De hecho, ahora que utilicé esta palabra 'genio', vino a mi mente el recuerdo de algún texto biográfico que leí hace muchos años en donde alguien entrevistaba a Albert Einstein y le preguntaba: "Maestro Einstein, ¿Nos podría decir qué es un genio?" A lo que este célebre personaje de la historia universal contestó, "Desde mi punto de vista, un genio no es otra cosa que una persona común y corriente, pero con una gran dedicación." Entonces diría yo: un genio es quien da lo mejor de sí mismo en virtud de servir y ayudar a los demás.

Tengo la firme convicción de que estamos pasando por un momento de extraordinarias oportunidades, mismas que sólo son observables con los ojos puestos en un horizonte de pasión por ser mejores y crecer, al mismo tiempo de experimentar el placer de compartir nuestro ser dando un extraordinario servicio en todo lo que hagamos y a cuanta persona nos encontremos en el camino.

Son tantos los pequeños detalles que hacen la diferencia. Pero no por su pequeño tamaño dejan de ser grandes impactos de beneficio común y esa es la ironía. Por ejemplo, ¿Has reparado o pensado alguna vez en el poco contacto ocular que la mayoría de nosotros establecemos con los desconocidos? ¿Lo ocasional que les sonreímos? ¿Por qué? ¿Acaso les tenemos miedo? ¿Qué nos impide abrirles el corazón a las personas que no conocemos? ¿Por qué no dar y servir de la forma en que mejor podamos si tenemos toda la capacidad y herramientas para hacerlo?

La verdad es que no conozco ni una respuesta satisfactoria, pero sí sé que prácticamente siempre existe un paralelo entre las actitudes que tenemos para con los demás y nuestro grado general de felicidad. En otras palabras, es insólito encontrar a una persona que camina con la cabeza gacha, tiene el ceño fruncido y apartando la mirada y que sea al mismo tiempo, secretamente, alguien plácido y alegre. También es difícil que exista una persona que quiera dar lo mejor de sí, practicar técnicas del mejor servicio, que esté amargado, presa del rencor y del odio contra todos y contra todo, contra la vida misma. Con un corazón carente de generosidad, la actitud de servicio es imposible, o en el mejor de los casos, falsa.

> **Con un corazón carente de generosidad, la actitud de servicio es imposible.**

En cambio, alguien con un corazón alegre y en paz, una persona en cuyo interior alberga sólo emoción por existir y feliz armonía, entonces su capacidad para dar lo mejor de sí es una lógica y natural consecuencia del simple hecho de abrir sus puertas y permitir que lo mejor de sí, salga. Por ello, te invito a seguir adquiriendo una Nueva Conciencia, cuidando y mejorando tu interior, eligiendo información que genere pensamientos de paz y armonía, para que luego simplemente abras tus puertas y permitas que salga tu magia.

Para dar lo mejor de ti no sugiero que sea mejor la extroversión que la introversión, que necesites gastar una enorme cantidad de energía adicional en el intento de alegrar la vida, de los demás, ni que debas fingir que eres cordial. Lo que sí sugiero es que si piensas que los demás, los desconocidos, son como tú y los tratas no sólo con amabilidad y respeto sino que también les sonríes y les miras a los ojos como tratando de encontrar la belleza divina de su interior –algo que todos tenemos, absolutamente todos, pero que casi nadie voltea a ver– es muy probable que adviertas algunos cambios bastante agradables ¡en ti mismo! Empezarás a notar que cuando das lo mejor de ti, el otro se enriquece, mientras que tú, al mismo tiempo, te engrandeces y te transformas en un ser indispensable, con quien todo el mundo quiere convivir, con quien los demás quieren estar. ¿Te agrada la idea? Pues déjame afirmarte que, es una experiencia genial y que está al alcance de tu mano (¿o debería decir al alcance de tu corazón?).

También advertirás lo bondadosa y agradecida que puede mostrarse la gente cuando tú eres el primero en extender la mano y abrir el corazón para dar lo mejor de ti. ¿Te aterra la idea de ser el primero? ¿Sientes miedo de que te vayan a "ver la cara"? Pues déjame afirmarte que precisamente ese miedo, que sólo radica en tu mente por los pensamientos que te has permitido albergar, es lo que te hace sentir solo y triste, desdichado en tu traba; o al sentirlo como una carga diaria, aunado al gran peso de tener que tolerar a algunos de tus familiares,

Tu poder transformador radica en tu capacidad de ser para servir.

¡principalmente a aquellos que son felices! En cambio, si con una Nueva Conciencia rebasas ese miedo y te lanzas a correr el apasionante riesgo de dar lo mejor de ti en cada momento, con tu pareja, con tu familia, en tu trabajo y con la sociedad en general, te sorprenderás al ver –y vivir– la magia que puedes crear en otra persona y en ti mismo. Te transformarás en un auténtico alquimista del siglo XXI. Tu poder transformador radica en tu capacidad de ser para servir.

En el momento en que te percates de la gran semejanza de ideales que hay en todos nosotros, juntos viviendo una Nueva Conciencia para que hagamos la diferencia, en ese momento podrás dar lo mejor de ti. Y lo darás no sólo por satisfacer las necesidades del otro, no por querer quedar bien con tus superiores, no por el dinero que recibirás a cambio, nada de eso. Darás lo mejor de ti porque empezarás a experimentar el placer de saberte el autor del cambio. En ese placer de dar lo mejor de ti, ya se lleva implícita la recompensa. Te suplico que hagas la prueba y te permitas sentir el orgullo, tan personal, de dar lo mejor de ti mismo.

¡Confía en los demás! Sé que las condiciones no ayudan mucho para lograrlo, pero también sé que ellas son una indescriptible oportunidad para manifestar tu grandeza al hacer la diferencia. En otras palabras, aunque existe la posibilidad de equivocarnos, la mayoría estamos haciendo las cosas lo mejor que sabemos en las circunstancias que nos rodean y en ese entonces todo consiste en saber más, mejorando nuestros pensamientos con una Nueva Conciencia para dar lo mejor de nosotros mismos. Date cuenta de lo similar que somos todos en este aspecto y así te resultará más fácil ver la inocencia que muchas veces motiva las acciones de los demás.

Da siempre lo mejor de ti y lo mejor vendrá.

Lo mejor que siempre puedes dar es siempre tu buena conducta. No importa como hayamos sido sino como queremos ser, hoy y en lo futuro. No importa dónde empezamos, lo importante será como lo terminemos. Da siempre lo mejor de ti y lo mejor vendrá. A veces las personas son egoístas, ilógicas e insensatas, aun así da lo mejor de ti. Si eres amable, las personas pueden acusarte de interesado pero aun da lo mejor de ti. Si eres honesto y franco, las personas pueden engañarte, pero aun da lo mejor de ti. Si tienes buenos resultados y éxito, las personas pueden sentir envidia, aun da lo mejor de ti. El bien que hagas hoy, puede ser olvidado mañana, aun da lo mejor de ti. Da lo mejor de ti aunque no sea suficiente. Y recuerda, que al fin de cuentas, el dar lo mejor de ti es servir y eso es entre tú y Dios. Tú no das lo mejor de ti para quedar bien con la gente sino para estar bien contigo y con Dios.

27.- Los Hacedores no son altaneros ni soberbios sino sensillos y transparentes.

Los Hacedores tienen resultados. Esos resultados lo hacen sentir importante y el sentirse importante puede provocar que el Hacedor caiga en la trampa del egoísmo. El Rey Salomón en Proverbios 18:1 nos dice, *"Él que es egoísta sólo piensa en sí y no acepta ningún consejo mismo."* Los resultados de un Hacedor no son para alimentar su ego sino para servir a su equipo. El egoísmo te hace sentirte superior a los demás convirtiéndote en un engreído, altanero, soberbio, orgulloso o prepotente. No es bueno sentirse superior a los demás y humillarlos con tus resultados. Pues la gente al sentirse golpeada por tu conducta o con tus palabras se aleja de ti lastimada. El prepotente por lo regular se muestra distante y orgulloso por creerse más importante que los demás, especialmente al hablar. El destacar, el sobresalir, el tener buenos resultados te da poder e influencia. Esa influencia no es para presumir ni para abusar de los demás, sino para servir y compartir nuestras aptitudes.

"El orgulloso y arrogante al fin de cuentas fracasa."
-Rey Salomón

En Proverbios 16:18 el Rey Salomon nos dice, *"El orgulloso y arrogante al fin de cuentas fracasa."* Pues ese fracaso el mismo Hacedor lo provoca al humillar a los demás. Más adelante en Proverbios 18:12, el Rey Salomón nos dice, *"Al fracaso lo precede la soberbia humana."* Señoras y señores, la altanería acaba en fracaso.

Conforme el Hacedor avanza y tiene buenos resultados, el éxito le sigue. El Hacedor tendrá reconocimientos y recompensas. Es bueno sentirse bien con los reconocimientos pero no es bueno presumir de tu éxito para alimentar tu ego. Los Hacedores se mantienen sencillos y transparentes aceptando que sus resultados sean una forma de servir al equipo. Los Hacedores se protegen de las dificultades del ego y de la arrogancia. Esto se hace más fácil al recordar que las oportunidades y habilidades que un Hacedor posee son regalos de Dios. Tal perspectiva no solamente previene la arrogancia sino adopta un espíritu de nobleza y la nobleza siempre te engrandece.

Resumen

"Caminante no hay camino, se hace camino al andar," dice Antonio Machado en uno de sus poemas. Los líderes harán su camino al caminar por los tres niveles de liderazgo progresivo: 1.- Aprender, 2.- Hacer y el 3.- Orquestar. Los Líderes del Nivel 2, al mostrar resultados y personificar este nivel, sin olvidar el Nivel 1, van a avanzar al Nivel 3.

Bueno, antes de terminar esta parte del HACER, recapitulemos. Todos los atributos en la etapa del Hacer son importantes, pero finalmente todo se resumirá y se calificará según los resultados. Los Hacedores deben de mostrar resultados según de lo que aprendieron y de lo que aplicaron. Los resultados deben de salir a flote, deben de verse.

Quizás habrá alguien que quiera calificar al líder desde otro punto de vista. Pero nadie podrá encubrir los resultados que demuestran que el individuo no sólo lo intentó y aprendió, sino también lo puso en práctica. Tendrán que demostrar que nunca se quedaron en intentos, explicando que sus intentos, sólo fueron el preludio de la ejecución de su aprendizaje. El autor James A. Autry nos aporta una interpelación muy sugestiva: "He visto que has estado muy ocupado. Ahora dime, ¿Qué has logrado?"

Esto es importante, especialmente en esta etapa. Si un líder no cumple sus meta en este nivel, no habrá avance hacia el próximo y no habrá aumento de su influencia.

El ser un Hacedor es un requisito para hacerse un líder. Pasar por esta etapa es crucial. Si no muestras resultados jamás podrás avanzar al siguiente nivel. El mostrar resultados es lo que da al individuo credibilidad e influencia. Muchos individuos fallan en este paso crucial de convertirse en Hacedores ellos mismos. Ellos creen que si se les da un puesto de autoridad gerencial y lo ejercen con cierta prepotencia, la gente los va a seguir. Eso es totalmente falso. El mismo individuo falla al darse cuenta que está entonces siendo gerente y no líder. Como lo sabemos, hay una gran diferencia entre ser un líder y un manager. Sólo cuando un Hacedor demuestre con resultados su capacidad y la fortaleza de sus habilidades es cuando se hace obvio que es un verdadero líder y es ahí donde los otros le permitan dirigirles. Un Hacedor que alcanza esa madurez está listo para entrar al Nivel 3, Orquestar.

Ejemplo Histórico de un Hacedor:

Don Benito Juárez García
"BENEMÉRITO DE LAS AMERICAS"

Benito Pablo Juárez García, nació el 21 de marzo de 1806, en el Villorrio de San Pablo Guelatao, Oaxaca, México, población ubicada en el nudo montañoso mixteco-zapoteca (hoy Sierra de Juárez). Hijo de Marcelino Juárez y Brígida García, quienes eran, según sus propias palabras, "Indios de la raza primitiva del país", y murieron cuando Benito apenas tenia 3 años de edad. Por lo cual, quedo al amparo de sus abuelos y hermanas, Rosa y Josefa, aunque finalmente terminó bajo la custodia de su tío, Bernardino Juárez a quien sólo se le ocurrió poner aquel niño como peón de campo y como pastor de ovejas hasta que aquel indito llegó a la edad de 12 años y huyo a la ciudad de Oaxaca, por miedo, tras habérsele perdido un par de ovejas.

(Aquellos eran tiempos turbulentos, agitados en Europa donde se gestaban movimientos sociales para romper con las supersticiones y reminiscencias de la época feudal, y en toda América se acentuaba el colonialismo y la opresión hacia los indios, sometiéndolos a la explotación despiadada y condenándolos a la falta de oportunidades de educación, para que vivieran en el oscurantismo.)

Al llegar a la ciudad de Oaxaca, aquel niño llevaba varios días haciendo camino a pie, descalzo, harapiento, hambriento y extenuado. No hablaba más que su lengua materna, el zapoteco, y después de muchos esfuerzos, encontró a su hermana Josefa, que era sirvienta de un comerciante extranjero de apellido Maza, quien tras de escucharlo relatar las peripecias que pasó para llegar a su casa, lo acogió como sirviente doméstico. Benito, no sabía leer ni escribir, pero insistía en que su patrón le enseñara a pronunciar palabras del idioma castellano y él a su vez le correspondía dándole traducciones al zapoteco. Por este medio, obtuvo la simpatía de don Antonio Maza, quien intercedió para que Benito fuera aceptado como aprendiz de encuadernación con el sacerdote franciscano Antonio Salanueva. Fue así, como teniendo en sus manos aquellos libretos, y escuchando algunos de sus títulos y contenidos, aprendía con un apetito increíble de saber, y ahí mismo, en sus ratos libres hacía la primaria. Pero también aprendía y perseveraba para lograr sus aspiraciones de superación personal. El sacerdote franciscano se impresionó con la decisión y tenacidad de aquel niño, en su perseverancia del aprendizaje no lo soportaba, y mejor optó por tramitar su ingreso en el Seminario de la ciudad.

En el seminario de Santa Cruz, curso las asignaturas de Latín, Filosofía y Teología. Pero el seminario no le llenaba. En especial le aburría la Teología, clase donde se dormía. A pesar de la oposición de su protector Salanueva, abandonó el seminario e ingresó a la carrera de Jurisprudencia en el Instituto de Ciencias y Artes de Oaxaca. Algunos de sus profesores eran masones, que fueron influenciados por la brillantez como descargaba varias cátedras y le cogieron admiración e influyeron para que aquel indio se desempeñara como Rector del Instituto, en el cual siempre profesó y defendió ante todo, sus convicciones liberales.

En una ocasión, le pidieron representar en una obra de teatro a un "Griego", siendo él un indio muy moreno, pero además incluía recitar unos versos en latín. Sin pensarlo mucho, Benito asumió el reto, y para parecer un griego, se blanqueó la cara con harina de maíz. Lo hizo tan grotéscamente que todos se rieron de él cuando salió al escenario. Sin embargo, cuando hizo el recital, hablo en perfecto latín, con acento romano y la mímica francesa y ¡tronó en ovaciones y aplausos el auditorio! Pero Benito, ni se inmutó, no se dejo perturbar por aquellas efímeras glorificaciones y las consideró transitorias e innecesarias para la continuación de sus quehaceres.

Ya en 1833, diciendo y haciendo, se ganó la admiración y respeto de sus profesores quienes lo reconocieron como un auténtico líder. Lo impusieron en algunos puestos modestos del ayuntamiento y ese mismo año lo promovieron a su primer cargo de elección popular como Diputado local. Pero nunca descansaba. Seguía haciendo y cumpliendo todas sus responsabilidades aprendiendo, hasta que en 1834 obtuvo su liberación de aquel Instituto, llevándose la acreditación de Licenciado en Derecho. Pero las condiciones del país no eran nada fáciles para un liberal y la burguesía clerical no aplaudía sus éxitos. Lo forzaron a huir a Puebla, donde tuvo que trabajar administrando unos baños públicos. Aun así nunca se dio por vencido. Regresó a Oaxaca y fue designado Juez de Primera Instancia.

A la edad de 37 años, se casó con Margarita Maza, hija adoptiva de su antiguo patrón. Luego lo nombraron Fiscal del Supremo Tribunal de Justicia oaxaqueño. Sus ejecuciones como líder le fueron dando más influencia y en 1847 se trasladó a la ciudad de México como Diputado Federal, donde conoció las entrañas secretas de la organización masona. Se enroló con el nombre de "Guillermo Tell" y formó su propio equipo.

Debido a la invasión estadounidense, fue nombrado Gobernador interino de Oaxaca, y sus acciones se caracterizaron por lograr el equilibrio económico y cultural de sus seguidores, que ya eran la inmensa mayoría del pueblo. Duplicó el número de edificios escolares, creó el puerto de Huatulco y construyó un camino que lo conectara con la capital Oaxaca. Desde las 5 de la mañana instalaba su escritorio público para que cualquiera, sin importar su condición social o económica, pudiera hablar con él. Luego entraba a su despacho para no salir de él hasta muy altas horas de la noche. Al terminar su periodo de gobierno, el Instituto de Ciencias y Artes lo llamó para que siguiera impartiendo cátedra y el primer día, todo el personal lo recibió dándole un homenaje, en el cual, se cuenta que se sintió incómodo y expresó: "Libre, y para mí es sagrado, el derecho de pensar. La educación es fundamental para la felicidad social; es el principio en el que descansan la libertad y el engrandecimiento de los pueblos."

Un día, mientras daba cátedra, fue tomado prisionero por unos militares mandados por el traidor Antonio López de Santana, quien lo desterró enviándolo desde Veracruz hacia Cuba, donde trabajo en una fabrica de puros. En cuanto juntó un poco de dinero se trasladó por barco a Nueva Orleans, donde buscó apoyo de las logias masónicas. Allí conoció a Melchor Ocampo y a otros hispanoamericanos con quienes se reunía constantemente en diferentes domicilios y a veces en secreto, para enfrentar sus condiciones políticas y migratorias en los Estados Unidos y planificar una red que les diera soluciones económicas porque sus salarios eran miserables, y discutían alternativas para volver México.

Desde el destierro, este grupo apoyó el famoso "Plan de Ayutla", donde en 1854 se proclamó la derribación del traidor Antonio López de Santana y, en 1855, Juan Álvarez, al alcanzar la presidencia de la República, nombró a don Benito Juárez, Ministro de Justicia e Instrucción Pública. Desde luego accionó sus dichos con sus hechos, instrumentó, hizo y expidió la "Ley sobre Administración de Justicia y Orgánica de los Tribunales de la Nación". Obligatoria para todo el territorio mexicano, de tajo circunscribía los privilegios militares y eclesiásticos suprimiendo los "Tribunales Especiales" iniciándose con ésta Ley, las bases para la separación política y económica entre "La iglesia y el Estado". Esta promulgación hurgó en las convicciones de algunos liberales temblándoles la piel, y que el Presidente Ignacio Comonfort tratara de conciliar los intereses entre conservadores y liberales. (Coloquialmente trató de juntar a las gallinas con las águilas.) Lo que aprovecharon los críticos conservadores que apoyaban a la iglesia católica, manipulando la prensa para localizar la complicidad de aquellos liberales, y nuevamente en 1855, apresar a don Benito Juárez, a pesar de haber sido Ministro de Gobernación y Presidente de la Suprema Corte de Justicia. Esto provocó una guerra ideológica y militar. El gobierno se corrompió y Comonfort se humilló ante don Benito Juárez. Le pidió ayuda y don Benito se dirigió al estado de Guanajuato, cuna de la independencia, donde Manuel Doblado era Gobernador. Cuando llegó, la sorpresa fue mayúscula, porque Manuel Doblado ya había desconocido como presidente a Comonfort y tenía proclamado a don Benito Juárez García como Presidente de la República.

A partir de este suceso, continuó haciendo y promulgando leyes progresistas para la Constitución de 1857. Sería muy demostrativo narrar todas las veces que éste LIDER encabezó los 'sueños' de libertad económica y cultural de sus seguidores. Como líder de la república, desde 1858 las circunstancias lo empujaron a echarse sobre su espalda a sus seguidores y peregrinar por el territorio nacional. La primera ruta fue en un "carruaje" tirado por caballos (disponía de aviones o coches de motor) hacia Guadalajara, Colima y Manzanillo. Se embarcó y cruzó el canal de Panamá tocando La Habana, con destino nuevamente a Nueva Orleans, donde la prensa lo abordó incesantemente. Regresa por Veracruz donde lo esperaban su esposa e hijos, junto con una muchedumbre que lo aclamaba. Pero él ni se inmutaba, sino que seguía promoviendo sus acciones, dando conferencias, haciendo reuniones y entrenando constantemente a diferentes grupos para enfrentar las acometidas del clero católico y las elites afectadas por la libertad emancipadora que aquel líder infundía.

Hasta que logró la victoria, después de peregrinar por todo el país, salvaguardándose como Presidente constitucional contra sus críticos conservadores y derrotar la invasión francesa el simbólico 5 de mayo de 1862, apoyado por los indios "zapocoaxtlas", ridiculizando al ejército más poderoso de aquellos años. Ni esa gesta heroica fue suficiente. El Vaticano, los gobiernos ingleses, franceses y españoles, decretaron un "Embargo" espiritual, económico y militar al liderazgo de don Benito Juárez, lo cual mermó sus posibilidades defensivas y retomó su peregrinage dirigiéndose a Dolores Hidalgo, Guanajuato, donde un hombre anciano pretendió inclinarse ante aquel líder. Pero éste lo detuvo diciéndole: "Soy yo quien debo de inclinarme a usted", y le preguntó que como vio a don Miguel Hidalgo, el anciano contestó, "era un hombre extraordinario", y Juárez le repuso: "Ahora los mexicanos ejecutamos sus ideales".

Continuó viajando en su carruaje. Llegó a San Luís Potosí, luego Monterrey, Saltillo y Chihuahua donde estableció su liderazgo, quizás pensando estar cerca de otro gran líder Abraham Lincoln, quien muy poco o nada podía hacer para ayudarle, porque en ese tiempo estaba en medio de la guerra de secesión entre el norte y el sur de los Estados Unidos. El 21 de marzo de 1965, le organizaron una fiesta de cumpleaños. Juárez al enterarse, trató de cancelarla pero la euforia que aquel líder excitaba era irresistible. Entonces don Benito ordenó que ningún centavo del erario público del gobierno se gastara y que la reunión (como de unas 800 personas) fuera aprovechada para re-adiestrar espiritualmente a todos los desfallecidos liberales que impulsaron en un principio su liderazgo. Pero la guerra se prolongó y el itinerario del peregrinaje de Juárez siguió nuevamente por muchas ciudades de la nación mexicana. Sin embargo, los invasores europeos tomaron la ciudad de México.

Cuando las fuerzas aliadas francesas, inglesas, españolas y las clericales del vaticano, habían ya instalado a Maximiliano de Hamburgo como "emperador" y suponían aniquilados a los seguidores de don Benito Juárez, el merito 5 de mayo de 1867, en San Luís Potosí, ante una multitud de hombres, mujeres, jóvenes y niños, se proclamó la VICTORIA. Ejecutada por el líder don Benito Juárez García y un caudal enorme de muchísimos más líderes entrenados y hechos en el fragor de su organización republicana. En aquel memorable acto, don Benito expuso en su discurso esencialmente lo siguiente:

"Pueblo de México, amados conciudadanos, el baño de sangre por el que ha pasado la República, no podrá ser olvidado jamás. La sangre de vuestros hijos, la sangre de vuestros esposos, la sangre de vuestros padres, no fue derramada inútilmente, porque al (Hacerse) afianzarse la República, se afianza la libertad y la soberanía nacional. Y el concierto de todas las naciones admirará a este pueblo. Hoy y por los siglos hasta siempre jamás, recordad esto, no podemos flaquear. Tenemos que seguir adelante porque nuestra recompensa será la gloria eterna y el respeto de todos los pueblos y naciones que sabrán que México no es lugar donde buscar aventura ni arrostrar batalla para someter a un pueblo a la esclavitud. En este momento os digo, ¡mexicanos! la libertad es una realidad. La libertad es un ejemplo para todas las naciones y los pueblos y orgulloso estoy de ser el presidente (líder) de tantos (líderes) mexicanos combatientes y que nuestra nación realmente es hoy madura, hoy respetada, hoy temida, hoy bravía, hoy fuerte. Y esta fecha es sólo el inicio, el comienzo de una grandeza que

nunca acabará, (porque producirá siempre bienhechores líderes). Malo sería dejarnos desarmar por una fuerza superior, pero sería pésimo desarmar a nuestros hijos, privándolos de un buen derecho, que más valientes, más patriotas y más sufridos, lo harían valer y sabrían reivindicarlo algún día."

Finalmente la organización republicana fue restaurada y su LÍDER liberal fue renovado en varias elecciones constitucionales. Durante la ejecución de sus mandatos, fueron muchas las frases celebres:

"Nada de contemporizaciones con los hombres viciados y los que se han acostumbrado a hacer su voluntad como moros sin señor".

"Los hombres no son nada, los principios lo son todo".

"No se puede gobernar a base de impulsos de una voluntad caprichosa, sino con sujeción a las Leyes".

"No se pueden improvisar fortunas, ni entregarse al ocio y a la disipación, sino consagrarse asiduamente al trabajo, disponiéndose a vivir, en la honrada medianía."

V

El Orquestar

"Esta etapa de liderazgo trata específicamente de la habilidad del líder de aumentar los resultados a través del esfuerzo y liderazgo de otra gente."

En cuanto a "Orquestar", el carácter del líder es "Interdependiente": Un estado mental en el cual dos o más individuos son mutuamente dependientes.

Primero veamos lo que significa esta palabra "Orquestar." Quiere decir lo siguiente: arreglar, organizar, fomentar, dirigir y guiar a personas con un propósito en común.

Por ejemplo, antes de partir hacia una gran expedición, al capitán de un barco se le encomienda buscar adeptos. Toma suficiente tiempo para encontrar su tripulación. Él sabe cuán importante es distinguir a un grupo de individuos que compartan su entusiasmo y compromiso hacia dicha expedición. Sin embargo, el haber encontrado marineros aparentemente dispuestos no es suficiente. El capitán tendrá que organizar UN EQUIPO y esto toma tiempo para identificar, desarrollar y verificar las cualidades de cada marinero y únicamente contratará a quienes encajaron en el equipo y sólo a ellos revelará el destino de su expedición. De ahí trascenderá la dotación de responsabilidad de cada navegante. De esta forma, se conformará a todo un grupo llamado 'tripulación' en el que está incluido el capitán, que es el Orquestador. En nuestro caso, el capitán es el LÍDER del grupo o del equipo que la conducirá hacia la realización de sus metas. Igualmente toma tiempo para identificar a sus miembros con el cual navegará y entre todos lograr sus objetivos en las diferentes etapas de sus planes de acción.

Veamos otro ejemplo. Para deleitarnos con una clásica sinfonía musical primero hubo un maestro que escribió sus partituras. Luego los músicos que aprendieron a interpretarlas según sus aptitudes en cada instrumento musical. Para que luego aparezca el director que hizo los arreglos y los organizó como una orquesta y los dirigió en conjunto, vinculándolos y guiándolos en una asociación filarmónica.

Nótese en estos dos ejemplos que así como el capitán de un barco no es el constructor ni el dueño de la nave, ni el financiero de la expedición, ni el maquinista o el grumete, igualmente el director de una orquesta no requiere ser el autor original de la sinfonía, pero sí el arreglista y sinfonista que bajo su dirección se debe escuchar la sonata de multiplicidad de músicos y la variedad de timbres de cada instrumento, sin que sea necesario que él toque todos o cada uno de los instrumentos musicales. Singularmente, cada músico es líder práctico en su campo de ejecución. Y cada equipo, marineros o músicos, al estilo del mando del capitán o los movimientos de la batuta del director de una orquesta, será como puede tener éxito en sus acciones, objetivos y metas y por supuesto, en la realización de sus sueños.

También podemos advertir, que tanto el capitán del barco, como el director de la orquesta, comparten la experiencia adquirida como líderes vanguardistas, sin que les sea necesario tener virtudes didácticas o títulos universitarios para dar lección o dirigir. Pero sí, son EXPERTOS que ya franquearon el aprender y el hacer, donde adquirieron la capacidad de transmitir las experiencias y esto fue suficiente.

Cuando el EXPERTO es el líder, le resulta muy fácil arrimar el hombro a otros a aprender aquello que aprendió, vinculando el aprendizaje con la práctica de hacer algo con alguien más, será una excelente manera de trascender. Mientras compartimos nuestras experiencias y destrezas, también aprendemos mucho más, desarrollamos el ámbito de relaciones y disfrutamos la alegría de ver como otros seres humanos se superan, crecen y dan nuevos pasos hacia nuevas metas.

Pocas cosas producen tanta satisfacción como aligerar la carga de otro ser humano mediante la ayuda o el recordatorio que podamos ofrecerle. Una manera de hacer esto es utilizando nuestro tiempo y voluntad para servir a personas o agrupaciones que lo requieran, sin solicitar nada a cambio. Este tipo de actividades es sumamente satisfactorio, especialmente cuando logramos vencer nuestro ego y lo hacemos calladamente sin buscar el reconocimiento de los demás.

> **Pocas cosas producen tanta satisfacción como aligerar la carga de otro.**

Entonces, la responsabilidad de un Orquestador requiere asumir ciertos compromisos, porque su posición y ángulo de vista, es diferente al de los que pretende orquestar. (No es lo mismo ver el horizonte y escuchar sus vientos desde el puente de mando del barco, que a ras de la cubierta. O tener el mismo panorama desde las sillas o butacas, que estar con batuta en mano apoyado de un atril.) Esto es porque el liderazgo mismo es una perspectiva, es el cristal a través del cual las personas visualizan sus esperanzas. Y frente a tales circunstancias, la particularidad del líder es crítica y de pronto, basada en su imaginación, por lo que previamente debe trazar un plan para enfrentarse y estar listo para Orquestar.

> **En este nivel el grupo crece cuando el Líder organiza a los individuos según sus habilidades y aptitudes.**

Esta etapa de liderazgo trata específicamente de la habilidad del Líder de aumentar los resultados a través del esfuerzo y liderazgo de otra gente. El Líder entonces ha hecho del aprendizaje un hábito, ha obtenido experiencias valiosas al ser un Hacedor y está ahora listo para tomar la responsabilidad de organizar a otros. En este nivel el grupo crece cuando el Líder organiza a los individuos según sus habilidades y aptitudes. En este nivel, el Líder, comparte la experiencia que ha adquirido enseñando a otros para aligerar la carga y avanzar más rápido.

Pocas cosas producen tanta satisfacción como aligerar la carga de una organización mediante la acesoría o consejo que ofrece un Líder Orquestador. Una manera de hacer esto es utilizando nuestro tiempo y experiencia en servir a personas o agrupaciones que lo necesiten. Este tipo de actividades es sumamente satisfactorio, especialmente cuando logramos vencer nuestro ego y lo hacemos calladamente sin buscar el reconocimiento de los demás.

En un equipo de fútbol, el jugador primero aprende, luego juega y pone en práctica lo que aprendió. Eventualmente al convertirse en un buen jugador y al meter goles se gana el respeto y la admiración de los demás y es ahí cuando el resto del equipo le permite que los dirija y se le nombra capitán del equipo. Al ser nombrado capitán del equipo y estar jugando el juego él mismo, también organiza las jugadas y dirige a los jugadores.

Tú eres el capitán de la organización que conduces hacia la realización de sus metas. Toma tiempo para identificar el grupo en el cual te apoyarás para que logren sus propósitos en las diferentes etapas del plan de acción. Este equipo debe de estar formado por gente que no sólo desee las cosas sino que cuente con las aptitudes y habilidades y también haga lo que le corresponde hacer. Es decir, el equipo se compone por gente que están haciendo cosas que empujan a la organización al logro de sus metas.

> **El equipo se compone por gente que están haciendo cosas que empujan a la organización al logro de sus metas.**

Al igual que con el paso previo de ser un Hacedor y ahora convertirse en un Orquestador, se requiere cierto estado mental, cierta actitud o modo de pensar. Sin un estado mental correcto o sin el entendimiento de las cosas en las cuales este nivel está basado, un líder va a tener problemas implementando las acciones incorrectas de liderazgo. Esto es porque el liderazgo mismo es una perspectiva, es un modo de ver las cosas. Los Orquestadores, a través de las experiencias y retos que vencieron, anticipan cosas que los principiantes no ven y a la vez, ven las cosas de una manera diferente de aquel que apenas están aprendiendo o haciendo. Por lo tanto, un Orquestador, no sólo va a prever los retos por los cuales el equipo va a pasar sino como juntar el esfuerzo de los demás para que puedan vencer los obstáculos y avanzar más rápido.

Entonces este nivel de liderazgo es crítico. Los Orquestadores eficaces basan su liderazgo en un estado mental, en una forma de pensar, donde aceptan una serie de responsabilidades. Por lo tanto, un líder de este Nivel 3, que está listo para Orquestar, acepta las siguientes responsabilidades:

1.- Los Orquestadores saben que los resultados vienen a través del esfuerzo de equipo.
2.- Los Orquestadores saben que la comunicación es importante.
3.- Los Orquestadores saben la importancia de conectarse con los miembros del equipo.
4.- Los Orquestadores influyen e inspiran a los individuos a ejecutar.
5.- Los Orquestadores recompensan a los miembros de su equipo.
6.- Los resultados del equipo reflejan la capacidad del Líder Orquestador.
7.- El Líder Orquestador entiende que liderar es un proceso.
8.- El Líder Orquestador tiene que tener visión y un plan de acción.
9.- El Líder Orquestador infunde confianza en su equipo.
10.- El líder Orquestador infunde respeto.
11.- Los Líderes Orquestadores evalúan las cosas no sólo con hechos sino con intuición.
12.- Los Líderes Orquestadores resuelven problemas.
13.- Los Líderes entienden la importancia de encontrar gente buena.
14.- Los Líderes Orquestadores entienden la importancia de entrenar a otros.
15.- Los Líderes Orquestadores modelan la manera de hacer las cosas.
16.- El Líder Orquestador entiende que su potencial está determinado por quienes están más cerca de él.
17.- Sólo el Líder Orquestador seguro de sí mismo otorga poder de decisión a otros.
18.- El Líder Orquestador necesita el apoyo del equipo para triunfar.
19.- El Líder Orquestador necesita poner el triunfo del equipo primero en vez de su orgullo.
20.- Un Líder Orquestador provoca movimiento en su organización.
21.- El Líder Orquestador entiende que no hay equipo o grupos perfectos.

22.- Los buenos Orquestadores se organizan con los que asistieron en vez de preocuparse por los que faltaron.
23.- El Líder Orquestador entiende el impacto de sus acciones en la organización.
24. - Los Líderes Orquestadores se vuelven sirvientes.

1.- Los Orquestadores entienden que los resultados vienen a través del esfuerzo de equipo.

¿Qué es un equipo? Es un método de trabajo colectivo, coordinado, en que los participantes interactúan sinergizando en sus funciones teniendo todos claro lo que es la misión o propósito. Un Orquestador, al haber una meta y al pre-ver los retos por los cuales el equipo va a pasar, organiza el esfuerzo de los demás para vencer los obstáculos y avanzar más rápido. El Orquestador, al explayar los esfuerzos de todo un equipo, amplifica los resultados a través de los "Hacedores." Sin el liderazgo del "Orquestador", el "Hacedor" está limitado a su esfuerzo personal y a su propia perspectiva. Podemos decir que un líder del Nivel 2 sólo agrega esfuerzos mientras que un líder del Nivel 3 al usar los esfuerzos de los demás multiplica los resultados.

> El Orquestador, al explayar los esfuerzos de todo un equipo, amplifica los resultados a través de los 'Hacedores.'

El líder Orquestador está convencido que si alguien puede lograr algo, juntos en equipo, cada quien seguramente logrará más. En cada situación, el Líder Orquestador debe entretejer los esfuerzos de un equipo, como una palanca de apoyo para obtener el trabajo deseado. Es decir, si hay una meta que cumplir, la mente del Orquestador no debe de estar puesta en lo que un solo individuo puede hacer. El diccionario Webster define la palanca como la acción o la ventaja mecánica ganada por ésta. Para un Hacedor el equipo es su palanca. Hay ventaja ganada por los esfuerzos orquestados por el líder de un grupo de gente para lograr alguna meta. Como dice el dicho, "Las cosas pequeñas tú solo las puedes hacer, pero las cosas grandes sólo suceden en equipo." La palanca es la habilidad de poner una equis cantidad de trabajo pra recibir de regreso varias veces la cantidad '*x*'.

2.- Los Orquestadores saben que la comunicación es importante.

La comunicación es fundamental para el Líder Orquestador. Pues nadie puede seguir instrucciones si no le comunican esas instrucciones. El propósito de la comunicación es explicar los detalles de cómo, cuándo, qué, dónde y por qué algo se va a llevar a cabo. La comunicación es el acto de dar un mensaje a un receptor y en el cual las sensaciones y las ideas de ambas partes influyen considerablemente para llevar algo a cabo. En esta función, el Orquestador influye en el estado mental interno del receptor aportando nueva información. La efectividad de los resultados es según qué tan capaces seamos para comunicarnos. Recuerde, los individuos no pueden leer nuestros pensamientos, ideas o proyectos. Por lo tanto, cada vez que queramos usar el esfuerzo de los demás para llevar algo a cabo, es fundamental que nos comuniquemos con las personas y les plantiemos el plan de acción. Pues nadie va a seguir instrucciones si no las sabe.

> **La comunicación es fundamental para el Líder Orquestador.**

No hay cosa más desesperante que esperar algo de los miembros de un equipo sin que éstos sepan quien es responsable de qué. La comunicación controla y esclarece el comportamiento de los individuos, saber quien está a cargo y de qué, optimiza el rendimiento. Cuando hay metas que cumplir hay que comunicarlas al equipo y también comunicar el avance hacia el logro de las metas.

La comunicación es una ayuda importante para que todo el equipo este sincronizado y de esa formar usar la fuerza del equipo para avanzar y a la vez solucionar cualquier obstáculo que se presente.

La comunicación es un campo donde el Líder Orquestador siempre debe de estar en busca de nuevas formas de crecer y seguir mejorando. Pues es importante que el Líder Orquestador, cuando hable de cada tema, use el humor con eficacia, despierte pasión en todo lo que dice y que infunda seguridad y esperanza.

Un buen Orquestador sabe comunicarse con su equipo. El Orquestador sabe que primero debe plantearle el cuadro completo al equipo antes de pedirle que haga algo. De esa forma cada individuo encuentra su función y sabe lo que tiene que hacer. Tú no puedes esperar que alguien haga algo si primero no se lo comunicas. Entre mejor sea la comunicación entre el Orquestador y el Hacedor, hay más probabilidades de obtener mejor rendimiento del Hacedor.

> **Un buen Orquestador sabe comunicarse con su equipo.**

Recuerdo cuando un líder quería ayudar a una persona a que tuviera ciertos resultados. Ambos se empezaron a quejarse el uno del otro y pidieron acesoría a la misma vez. El Orquestador se quejaba que el Hacedor no hacía lo que él esperaba que hiciera. Por otro lado, el Hacedor se quejaba que el Orquestador no le explicaba lo que esperaba de él. Obviamente había problemas de comunicación, pues el Hacedor hacía cosas que el Orquestador no entendía por qué las hacía. De hecho, el Hacedor no sabía cual era la meta ni mucho menos cual era el plan de acción. Por años trabajaron juntos sin resultados hasta que llegaron a la conclusión que necesitaban sentarse y comunicar cual era el plan de acción y sus respectivas responsabilidades. Meses después de haber planificado y estar en comunicación constante, lograron sus propósitos. Recuerda, nadie puede seguir instrucciones si no se las comunican. La efectividad de los resultados es según qué tan capaces seamos para comunicarnos.

3.- Los Orquestadores saben la importancia de conectarse con los miembros del equipo.

Los Orquestadores tocan el corazón de la gente antes de pedirles que participen. Un Orquestador eficaz sabe que uno primero debe tocar el corazón de los miembros antes de pedirles que hagan algo. Uno no puede pedirle a la gente que ponga la acción en algo, sin antes conmover sus emociones. Las emociones de los miembros de un equipo son un factor decisivo al momento de optar si van a ser parte del equipo o no. Por ello, los Orquestadores deben de saber qué es lo que los miembros de su equipo quieren para así conectarse con ellos y luchar juntos con dinamismo por una meta en común. Recuerda, a la gente no le interesa cuánto sabes hasta que sepan cuanto te preocupas por ella.

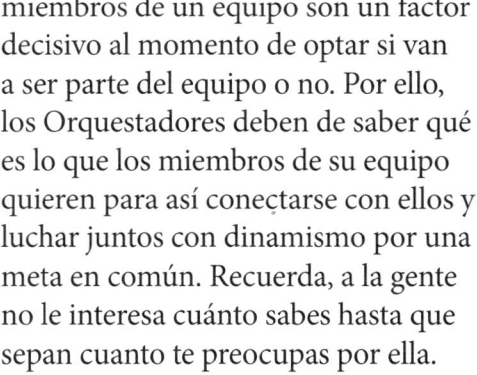

A la gente no le interesa cuánto sabes hasta que sepan cuánto te preocupas por ella.

Según John Maxwell en su libro, 'Las 21 Leyes Irrefutables del Liderazgo', hay Líderes Orquestadores competentes que al pararse frente a un pelotón, todo lo que ven es un pelotón. Pero los grandes líderes se paran frente a un pelotón y ven a cuarenta y cuatro individuos y de los cuales cada uno tiene aspiraciones, quiere vivir y hacer el bien.

Tú da el primer paso para conectarte con la gente y no esperes que el orgullo te gane. Espera que los miembros del equipo anden tras de ti. Es responsabilidad del Líder Orquestador iniciar conectarse con la gente.

No subestimes el poder que hay al conectarse con la gente antes de pedirles que hagan algo. Pues al conectarse con los miembros de un equipo la visión del Líder Orquestador se convierte en la aspiración de la gente.

Según John Maxwell, "Para dirigirse a usted mismo, use su cabeza; para dirigir a los demás, use su corazón. Esa es la naturaleza de la ley de la conexión. Siempre toque el corazón de una persona antes de pedirle una mano."

Basándose en estos aspectos, es necesario saber y conocer qué aspectos ayudan a tener un buen nivel de conexión y a la vez qué herramientas ayudan.

> "Para dirigirse a usted mismo, use su cabeza; para dirigir a los demás, use su corazón."
> - *John Maxwell*

¿Cómo conectarse con la gente? Hasle sentir a la gente que crees en ella, llegue a conocerla, hable con ella, compréndala, ayúdela y construya una relación positiva con ella. Al conectarte, te convertirás en un líder que se preocupa por el éxito de los demás y eso dará confianza. Entonces podrá ser más capaz de proporcionar las bases esenciales que la gente necesita para sobresalir y alcanzar sus metas. Como modelos ejemplares, guías y amigos, los Orquestadores son muy importantes para la gente. Con su ayuda, la gente puede empezar a comprenderse a sí misma y saber en qué áreas de su vida necesita crecer. Todos sabemos que crecer no es siempre fácil. Es por eso que los miembros de un equipo necesitan que alguien quien ya caminó por el camino los guíe para no tropezar.

A continuación vamos a compartir algunos puntos que ayudan a conectarse con los miembros de un equipo:
 a) Los miembros de un equipo necesitan ser apreciados y sentir que alguien se interesa por ellos.
 b) La gente necesita sentirse valorada y respetada.

c) Los miembros de un equipo necesitan reglas claras, consecuencias consistentes al no cumplir las reglas y ánimo para que pogan su mejor esfuerzo.
d) Los miembros de un equipo necesitan confianza para aplicar sus habilidades y poder sobresalir.
e) Los miembros de un equipo necesitan sentir que el Orquestador cree y vive lo que enseña.
f) Los miembros de un equipo abrazan valores o principios positivos que les guían a tomar decisiones sanas.
g) Los miembros de un equipo necesitan creer en sus propios valores para que ellos tengan control sobre sus propias acciones y grado de responsabilidad.
h) Aprenda los nombres de la gente de su equipo, averigüe que es lo que les interesa y haga preguntas sobre esos intereses.
i) Haz sentir a los miembros de tu equipo como si fueran tus amigos.

Los miembros de un equipo primero confían en el Líder Orquestador antes que cualquier cosa. Todos los líderes tienen que darse cuenta de esto. La visión del líder puede ser poderosa, pero, ¿vale la pena seguir a un líder prepotente? La recompensa puede inspirar pero, ¿se puede confiar en el líder? El medio ambiente puede ser confiable pero, ¿al líder le importa su gente? Los recursos pueden ser abundantes pero, ¿tiene el líder carácter? Las oportunidades pueden ser enormes pero, ¿sabe el líder qué es lo que está haciendo? Estas son las preguntas calificadoras que los miembros de un equipo preguntan inconscientemente antes de dar permiso para ser dirigidos.

El liderazgo no es un puesto o título.

El liderazgo no es un puesto o título, es una condición de permiso dado por los miembros una vez que ellos confían en el líder. Tanto la influencia del liderazgo, como la confianza, tienen que ser ganadas y ganadas continuamente.

4.- Los Orquestadores influyen e inspiran a los individuos a ejecutar.

Inspirar es la capacidad que tiene una persona de determinar o alterar la forma de pensar o de actuar de otra u otras personas. Influencia es hacer que otras personas participen en algo.
Las personas no pueden ser obligadas a participar. Todo lo contrario, las personas deben ser inspiradas y eventualmente éstas permiten ser influidas por el líder. La gente se entrega más a una causa, a un ideal, que a un individuo. Si el líder no ejerce ningún ideal entonces la gente no tiene un por qué seguir las instrucciones del líder.

Una de las responsabilidades de un Orquestador es inspirar a otros a ejecutar y a lograr resultados. La gente sigue a un líder que inspira lo suficiente a través de su ideal para alcanzar el objetivo. El Orquestador sabe que la llave del éxito es su habilidad de atraer y retener buena gente y organizarlos a trabajar juntos como equipo. Esto es precisamente cómo un líder aumenta su influencia: inspirando a la gente a trabajar en la misma dirección, funciona como un equipo y se logran muchas más cosas.

> **La gente sigue a un Líder quien inspira lo suficiente a través de su ideal para alcanzar el objetivo.**

Una vieja fábula cuenta de un granjero cuyas mulas ayudaron a un hombre a sacar un trailer atascado en una zanja. Era un trailer grande con camarote. Mientras jalaban las mulas el trailero preguntó,
　—¿Cuánto puede una de estas mulas jalar?
　—Jalan diez toneladas cada una, —dijo el granjero.
　—Pero mi trailer pesa por lo menos tres veces eso, —dijo el chofer del trailer.
　—No importa lo que puedan jalar por separadas, —contestó el granjero—, lo que importa es lo que pueden jalar juntas.

Ese es el poder de un equipo. Los buenos Orquestadores inspiran e influyen a la gente a trabajar juntos y a convertirse en uno y por lo tanto amplifican los esfuerzos, donde un entero es mayor que la suma de las partes.

Por otro lado cuando las personas oyen que alguien tiene un título impresionante o una posición de liderazgo asignada, suponen que la persona es un líder. A veces es cierto, pero los títulos no tienen mucho valor cuando se trata del liderazgo. El verdadero liderazgo no puede ser otorgado, mucho menos nombrado o asignado. El liderazgo sólo procede de la influencia y ésta no puede imponerse, mucho menos comprarse: debe de ser ganada. Lo único que el titulo quizás puede comprar es posición.

> **El verdadero liderazgo no puede ser otorgado, mucho menos nombrado o asignado.**

5.- Los Orquestadores recompensan a los miembros de su equipo.

Los Orquestadores saben que la gente no hará lo que el líder espera, sino lo que el líder recompensa. Los líderes por lo tanto tienen que recompensar las buenas actividades y tener el hábito de encontrar a su gente en el acto justo cuando lo estén haciendo bien. La ejecución sobresaliente tiene que ser reconocida y recompensada y esto debe de hacerse públicamente. Esto comunica un estándard al resto de la organización y motiva a los Hacedores a esforzarse y alcanzar cosas más grandes.

6.- Los resultados del equipo reflejan la capacidad del Líder Orquestador.

Los resultados de un equipo reflejan la calidad de liderazgo de un Líder Orquestador. Cuanto menor sean los resultados de un líder, tanto así está su liderazgo.

Los buenos resultados están al alcance de todo el mundo. Pero también creo que el triunfo de un equipo está determinado por la capacidad de liderazgo del Líder Orquestador. Los buenos resultados vienen de un buen liderazgo. Los malos resultados vienen de un mal liderazgo. Todo lo que se logra, poco o mucho, está restringido por la capacidad de dirigir a otros.

Si el equipo no tiene buenos resultados, entonces el líder tiene que elevar sus habilidades de liderazgo. La incapacidad de dirigir a otros siempre limita al equipo. Si el liderazgo es fuerte entonces habrá buenos resultados. Sin embargo, si el liderazgo es limitado entonces el equipo está limitado. Por eso en momentos de dificultad, las organizaciones buscan un nuevo liderazgo. Cuando un país experimenta tiempos difíciles, elige un nuevo presidente. Cuando una compañía está perdiendo dinero emplea un nuevo jefe principal. Cuando una iglesia está en crisis, busca un nuevo pastor. Cuando un equipo deportivo pierde una y otra vez, busca un nuevo entrenador.

La relación entre liderazgo y buenos resultados es muy obvia.

La relación entre liderazgo y buenos resultados es muy obvia. En los deportes por ejemplo, si usted observa las organizaciones deportivas profesionales, verá que rara vez se cuestiona el talento del equipo. Casi todos los equipos tienen jugadores sumamente talentosos. El liderazgo del entrenador y de algunos jugadores claves es lo que marca la diferencia. Para aumentar los buenos resultados de un equipo, se eleva el liderazgo del Líder Orquestador.

7.- El Líder Orquestador entiende que liderar es un proceso.

Ser un líder es como invertir exitósamente en la bolsa de valores. Si esperas hacer una fortuna en un día, no tendrás éxito. Lo que más importa es lo que haces día a día a largo plazo. El secreto de nuestro buen resultado se encuentra en nuestro orden a diario. Si tú inviertes continuamente en el desarrollo de tu liderazgo, eventualmente vas a crecer como líder.

Los líderes exitosos son aprendices y el proceso del aprendizaje es un continuo resultado de la autodisciplina y la perseverancia. La meta de cada día debe ser mejorar un poco, edificar sobre el progreso del día anterior.

> **Los líderes exitosos son aprendices.**

Cuando reconoces tu falta de destreza y empiezas una disciplina diaria de crecimiento en el liderazgo, comienzan a suceder cosas muy emocionantes.

Un día mientras hablaba en una reunión en el estado de Idaho noté entre la multitud a un joven de veintiún años que mostraba mucha atención a lo que yo decía. Me acerqué y le dije: "Te he estado observando y tu anhelo por aprender y crecer es notable. Quiero compartirte una cosa. En unos años podrás llegar a ser un líder. Quiero animarte a que te conviertas en un aprendiz del liderazgo durante toda tu vida. Lee libros, escucha con regularidad audios y sigue asistiendo a seminarios y cuando te encuentres con una cita importante, anótala y archívala para usarla en el futuro. Ser consistente no es fácil. Pero en un periodo de cinco años verás tu progreso a medida que aumentan tus resultados e influencias. Después de cinco años al mantenerte cultivando o filando el hacha o mejorando, iras desarrollando habilidades que harán eficaz tu liderazgo. Y mientras más te mantengas aprendiendo y creciendo en resultados, otros comenzarán a pedirte que les enseñes acerca de liderazgo. Algunos que te conocían dirán, 'Cómo se volvió tan sabio de la noche a la mañana'. Joven, usted puede ser un gran líder, pero no sucederá en un día. Felicidades por comenzar a pagar el precio ahora."

Lo que es cierto para este joven es cierto para usted también. Comience a desarrollar su liderazgo hoy y algún día experimentará los efectos de su capacitación.

El liderazgo se desarrolla diariamente, no de un día para otro. Esta es una realidad.

Lo que una persona hace disciplinadamente, eventualmente lo prepara para lo que quiere lograr. Mientras que la mayoría de los presidentes llegan a la presidencia y ocupan su cargo, otros siguen creciendo y se convierten en mejores líderes.

Los campeones no se convierten en campeones en el cuadrilátero, simplemente se les reconoce allí. Esto es cierto. Si usted quiere ver como alguien se forja como campeón, mire su rutina diaria. El cuadrilátero es sólo donde se demuestra el trabajo que se ha hecho durante cada día. Si hizo trampa en la oscuridad de la madrugada, la gente se va a dar cuenta ahora bajo las luces brillantes. El boxeo es una buena analogía del desarrollo del liderazgo porque consiste en una preparación diaria. Aunque la persona tenga talento natural, debe entrenarse y prepararse para tener éxito. El liderazgo no se desarrolla de un día para otro. Toma un proceso.

> **Los campeones no se convierten en campeones en el cuadrilátero, simplemente se les reconoce allí.**

8.- El Líder Orquestador tiene que tener visión y un plan de acción.

Cualquiera puede dar ordenes, pero se necesita de un líder que trace el plan y ponga la visión. Los Líderes Orquestadores que organizan y guían hacen más que eso. Ven mentalmente todo el viaje antes de salir a las trincheras. Tienen una visión de su destino. Saben lo que costará llegar allá. Saben a quien necesitarán en el equipo para triunfar. Reconocen los obstáculos mucho antes de que aparezcan.

Un Líder Orquestador es un individuo que ve más allá que los demás y ve antes que los demás. Se mantiene enfocado, controla su rumbo y no se deja controlar por éste. La orquestación envuelve ver las cosas que necesitan hacerse y coordinar los esfuerzos de los individuos en esa dirección. Los líderes tienen que aprender a tener a los individuos adecuados en los lugares adecuados. Es importante conocer a los miembros del equipo. Estos miembros tienen aptitudes y habilidades en ciertas áreas y deberían ser utilizados de acuerdo a eso. Esto envuelve cómo el líder trata a cada individuo. No todo el mundo quiere o necesita ser tratado de la misma manera. Conocer individualmente las habilidades de cada miembro y la planificación organizada multiplica la eficacia de su equipo.

Antes de llevar a la gente a las trincheras, el Líder Orquestador planifica con el fin de que la jornada sea un éxito. Cuanto más grande sea la organización, tanto más capaz debe ser el líder de mirar al futuro. Eso es así porque según el tamaño de la organización es el tamaño de errores que se presentan a medio camino.

Cada éxito y cada fracaso del pasado pueden ser una fuente de información y sabiduría. Los buenos éxitos te enseñan sobre ti mismo y lo que eres capaz de hacer con tus dones y virtudes peculiares. Los fracasos señalan qué tipo de malas suposiciones has hecho y en qué han fallado tus métodos. No importa cuanto aprendas del pasado, éste nunca te dirá todo lo que necesitas saber sobre el presente. Por eso un Líder Orquestador reúne información de diversas fuentes. Obtiene ideas de los miembros de su equipo. Habla con la gente de su organización para descubrir mejores ideas y pasa algún tiempo con líderes que no son de la organización pero que puedan dar acesoría.

El poder dirigir a los demás exige al líder una actitud positiva. Debes tener fe de que puedes llevar a tu gente a lo largo de toda la jornada. Si no puedes dirigir confiadamente

El Orquestar

en tu mente, no podrás concretar en la practica. Por otra parte, también debes de ver los hechos de forma realista. Los Líderes Orquestadores son lo suficientemente realistas para minimizar las ilusiones. Saben que el engañarse a sí mismos puede costarles su visión. A veces es difícil equilibrar el optimismo con el realismo. He ahí la importancia de tener buena intuición y buena planificación.

¿Cómo puedes trazar un plan de acción? En mi caso yo lo hago de la siguiente manera: 1) Predetermino un programa de acción; 2) Trazo mis metas; 3) Ajusto mis prioridades; 4) Notifico a los Hacedores claves; 5) Doy tiempo para la aceptación; 6) Actúo; 7) Espero problemas; 8) Señalo los buenos resultados; 9) Reviso el plan de acción.

He descubierto que la visión debe de estar acompañada de un buen plan de acción. Cuando tú te preparas bien, infundes confianza y esperanza en tu gente. La falta de preparación produce un efecto opuesto. No es el tamaño del proyecto lo que determina su éxito sino el compromiso del líder de planificar tal proyecto.

> **No es el tamaño del proyecto lo que determina su éxito sino el compromiso del líder de planificar tal proyecto.**

9.- El Líder Orquestador infunde confianza en su equipo.

No se puede infundir confianza con prepotencia. La prepotencia aleja a la gente de uno. No puede compartir ideas que serían para el mejoramiento de la empresa, mucho menos comuncar una equivocación, pues no sienten confianza para acercarse al líder. No es conveniente ser un líder prepotente.

Es importante que en cuanto se de cuenta uno de que se ha equivocado, se disculpe públicamente y pida perdón. El equipo se da cuenta cuando cometes errores. Lo importante es estar dispuesto a reconocer y confesar esos errores. Si lo haces, por lo general puede volver a ganar rápidamente la confianza de la gente. Cuando se trata de liderazgo, no puede portarse uno prepotentemente porque la gente sencillamente se alejará de uno.

> **No se puede infundir confianza con prepotencia.**

Por otro lado, es importante que el líder entienda que fuera del equipo que está liderando, sus éxitos y fracasos en su vida personal marcan una diferencia en su credibilidad como líder. Cada vez que toma una buena decisión como líder, obtiene más confianza del equipo. Sin embargo, cuando toma una mala decisión, lo que obtiene es desconfianza. Un líder que toma buenas decisiones y se mantiene registrando victorias para su organización, acumula respeto, admiración, confianza e influencia.

La gente tolera errores honestos; pero si tú violas la confianza de ellos, te será muy difícil recuperarla. Hay que entender que dirigir individuos es similar a compartir vivienda. Es el carácter lo que predice en que ira a parar ese hecho de vivir juntos. Si tienes buen carácter, cuanto más tiempo pasen viviendo juntos, mejor es la duplicación. Pero si tienes fallas de carácter, cuanto más tiempo vivas con los individuos, tanto peor se vuelve la relación entre tú y los demás. Pues a nadie le gusta pasar tiempo con una persona en quien no confía.

Otra manera de perder la confianza de tu equipo es cuando tú sólo ejerces tu liderazgo cuando se te da la gana o te sientes bien. Si tu organización no sabe que esperar de ti como líder, en algún momento dejará de buscar tu liderazgo. La gente espera ser organizada y saber cual es el plan de acción. De lo contrario, si no eres capaz de hacerlo tú, los individuos por naturaleza buscarán ser parte de algo en otro lado. Los individuos son como el agua. Si al agua no le das dirección, ella misma encuentra su propio cauce.

Nadie puede ir más allá de las limitaciones de su modo de ser o de su carácter. Cuando el líder tiene un carácter firme, las personas confían en él y en su capacidad de emplear su potencial. Esto no sólo infunde en los individuos esperanza en el futuro sino que también promueve una confianza sólida en ellos mismos y su organización mientras avanzan a una meta.

En conclusión, en cuanto a infundir confianza, si tú no tienes una base interna de buenos valores y principios o de buen carácter, no podrás obtener la confianza de los demás. Infundir confianza es algo absolutamente esencial para que un liderazgo sea duradero. ¿Cómo se gana la confianza de los individuos? Tomando sabias decisiones, admitiendo errores y poniendo las actividades del equipo como prioridades antes que las personales. El buen carácter de un líder infunde confianza a su organización, pero cuando el líder quebranta la confianza pierde su capacidad de dirigir. Ningún líder puede traicionar la confianza de una organización. La confianza es uno de los fundamentos de liderazgo y quien la viole no podrá seguir siendo líder.

> **Infundir confianza es algo absolutamente esencial para que un liderazgo sea duradero.**

10.- El Líder Orquestador infunde respeto.

La gente no sigue a alguien por accidente. Sigue a individuos cuyo liderazgo respeta. Por lo regular los menos capacitados siguen a los más capacitados. Es decir, el saber más de algo que los demás en una área específica provoca magnetismo y atrae a individuos que respetan a los que saben.

Observe lo que ocurre cuando un grupo de personas se reúne por primera vez. Tan pronto empiezan a interactuar, los líderes que hay en el grupo se hacen cargo inmediatamente. Piensan en términos de la dirección en la que desean ir y a quienes quieren llevar con ellos. Al principio la gente se mueve tentativamente en varias direcciones, pero después de conocerse unos a otros, al poco tiempo reconocen los individuos más capacitados y los siguen.

Usualmente, cuanto más capacidad de liderazgo tenga una persona, más grande es su magnetismo para atraer a otros. O entre menos capacidad de liderazgo tenga una persona menos es la atracción de otros. Con el tiempo, la gente sigue a individuos más capacitados. Si no encuentran a alguien cuyo liderazgo respetan, abandonan el grupo. Los miembros de un equipo se van cuando estos se reúnen y no hay organización. En seguida la gente se ajusta para seguir a alguien quien los organice. La gente se alinea naturalmente y sigue a los individuos más capacitados.

¿Cómo infundes respeto en los individuos? Hay muchas formas de infundir respeto. Una de ellas es interactuando con los miembros de un equipo no sólo enseñándoles técnicas o principios abstractos de liderazgo sino cosas básicas de la vida. Los puedes motivar a desenvolverse más en cualquier área que quieran crecer convirtiéndolos en ganadores. Muéstrales interés en su éxito y respeto por lo que hacen. En ocasiones hemos visto a líderes dar la cara por los miembros de un equipo y eso despierta respeto.

La gente puede subestimar el papel de un Líder Orquestador. El líder, ayuda a que un individuo se de cuenta de su capacidad y pueda pulirla. Lo más importante, es que el líder es parte de la de formación del individuo y esa formación es lo que lo lleva al éxito. Hay muchas formas de medir el respeto de un individuo hacia su líder. Pero tal vez, la prueba más grande de respeto se da cuando el líder hace que un individuo triunfe y que ese individuo acepte quien lo formó.

11.- Los Líderes Orquestadores evalúan las cosas no sólo con hechos sino con intuición.

La intuición es un concepto que nos permite deducir algo directo e inmediato sin tener toda la evidencia o hechos. Es decir la intuición es interpretar las cosas antes de que ocurran sin tener todos los hechos. Desarrollar la intuición es importante. Pues el líder podrá ver y anticipar cosas que el resto del equipo no podrá ver. De esa forma se pueden hacer cambios con anticipación y avanzar. Un líder debe tener la capacidad de ver una situación o anticipar un problema y saber con anticipación que hacer.

Quien no tenga la capacidad de interpretar la situación va a fallar como líder. Darle importancia a la corazonada muchas veces nos ayudara a anticiparnos a los acontecimientos y muchas veces nos ayudara a prevenir problemas.

> **La intuición es interpretar las cosas antes de que ocurran sin tener todos los hechos.**

John Maxwell en su libro, Las 21 Leyes Irrefutables del Liderazgo nos dice que "debido a la intuición, los líderes evalúan todo con una predisposición típica del liderazgo. Hay gente que nace con una gran intuición de liderazgo. Otros tienen que hacer un gran esfuerzo para desarrollarla y pulirla. Pero independientemente de cómo se produzca, el resultado es una combinación de habilidad natural y técnicas aprendidas. Esta intuición informada hace que los asuntos del liderazgo salten a la vista. La mejor forma de describir esta predisposición es la capacidad de percibir los factores intangibles, entenderlos y usarlos para alcanzar las metas del liderazgo."

En todo tipo de circunstancias, los Líderes Orquestadores intuyen y captan detalles que a otros se les escapan. Todo lo que sucede alrededor, para el líder ocurre en un contexto más amplio.

Los líderes tienen la capacidad de ver no sólo hasta donde el equipo ve, sino de visualizar hacia donde se dirigen. Es así como se perciben los obstáculos que hay que vencer en el camino.

Algo muy importante de señalar es la capacidad de interpretar los recursos que se tienen. Una de las diferencias importantes entre las personas que llegan a tener éxito y otras que no es la forma como prevén los recursos. Los individuos exitosos anticipan de lo que pueden y no pueden hacer. Ven cada situación en términos de los recursos disponibles: dinero, apoyo, materia prima y sobre todo nunca olvidan el recurso humano. ¿Qué puede o no puede hacer el equipo?

La intuición de un líder es parecida a la intuición de un político. Cuando un político entra a una habitación y no puede reconocer quien está a favor y quien está en contra, no pertenece al mundo de la política. Esto mismo también se aplica al liderazgo. Los líderes intuitivos pueden percibir lo que sucede entre las personas y casi instantáneamente conocer los sueños, las metas, las esperanzas, temores y preocupaciones del equipo. Nadie que no puede interpretar las circunstancias podrá guiar bien a su equipo.

> **Nadie que no puede interpretar las circunstancias podrá guiar bien a su equipo.**

Cuando los líderes enfrentan problemas, automáticamente los miden y comienzan a resolverlos aplicando su intuición. La intuición es una forma directa e inmediata de responder ante los obstáculos. Es aquí donde realmente el liderazgo es más arte que ciencia. Los principios de liderazgo son constantes pero la aplicación de los mismos cambia con cada líder y cada situación. Por eso es necesaria la intuición. Sin ella uno puede ser tomado por sorpresa. Si desea dirigir por largo tiempo hay que usar la intuición para evitar muchos dolores de cabeza.

12.- Los Líderes Orquestadores resuelven problemas.

Con frecuencia, los Líderes Orquestadores tienen que enfrentarse a problemas rudimentarios y deben asumirlos como un desafío, sin dilatarse y con determinación. Es más fácil solucionar cualquier problema cuando se está iniciando.

Las actividades de un equipo generan calor y energía, por lo que siempre estarán expuestos a situaciones que podrán asemejarse a incendios forestales que requieren que el "Mariscal de Campo" de los bomberos ponga en ejecución el sistema contra incendios. Y a la inversa, otros problemillas parecen pequeñas ascuas con la posibilidad de disiparse el calor y la energía, por lo que requieren que el líder les sople para reiniciar el progreso de sus actividades. Y esas serán las intuiciones y perspicacias de líderes exitosos del Tercer Nivel. Saber lo que

> **Para resolver problemas se requiere coraje.**

muchos de los
ue abran los

je. Los líderes
tos se presentan
os problemas son

e encontrar gente

personas valiosas.
mental del
a organización.
sonas estás
dades deberían

tener? ¿Quieres que sean dinámicos y emprendedores? ¿Qué determina encontrar las personas que busca? Según John Maxwell, "La respuesta puede sorprenderlo. Aunque no lo crea, lo que usted quiere no es lo que determina que tipo de individuos ha de obtener, sino lo que usted es." Es decir, quien es usted es a quien usted atrae. Cuando yo era niño, la gente solía decir: "Dios los cría y ellos se juntan; el que anda con sabios, sabio será." Yo creía que estos eran dichos populares sin valor alguno. Mientras yo iba a la primaria y crecía, instintivamente me di cuenta que los buenos estudiantes pasan tiempo con buenos estudiantes. He llegado a la conclusión que los miembros de un equipo son una extensión de lo que uno es. Por eso esimportante nunca dejar de crecer como individuo.

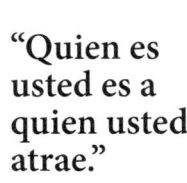

"Quien es usted es a quien usted atrae."
-John Maxwell

Es muy obvio que los resultados de un Orquestador estén condicionados a los esfuerzos colectivos de un grupo de gente y por lo tanto, la calidad y la productividad, van a estar directamente relacionadas a las cualidades de la gente involucrada. Para encontrar y desarrollar a la gente adecuada depende mucho de quien es uno. Es una tarea muy crítica para conciliar el esfuerzo colectivo y solidario de varias personas. Estas son buenas razones para rodearse con el mejor talento disponible. Gente bien entrenada y que haya mantenido siempre sus 'sueños' y aclarado sus objetivos y sus metas, es clave para concertar un equipo.

La calidad de la producción será directamente relacionada a la cualidad de la gente involucrada. Los líderes deben saber lo que los miembros de su equipo pueden hacer y no hacer. El encontrar y equipar a otros consumirá una enorme cantidad del tiempo a un líder pero vale la pena, pues los Líderes Orquestadores son tan buenos como los miembros de su equipo.

14.- Los Líderes Orquestadores entienden la importancia de entrenar a otros.

Una función que al Líder Orquestador no debe perder de vista es su capacidad y obligación de funcionar como entrenador. Al entrenar a otros, tiene la oportunidad de duplicarse. Al duplicarse el entrenador eventualmente va a multiplicar los resultados del equipo. La constancia y perseverancia del entrenamiento mantiene al equipo unido funcionando colectivamente.

Los líderes en este nivel de influencia son los responsables de los entrenamientos porque se da por descontado, que están calificados para entrenar a esos de los dos niveles previos. Esta es una de las razones por lo cual es muy importante que un Líder Orquestador domine cada uno de los pasos previos de liderazgo (Aprender y Hacer). Y verán qué elocuente y agradable es descubrir que no se sabe tanto, hasta que no se trata de enseñar lo poco que se ha aprendido.

> Y verán qué elocuente y agradable es descubrir que no se sabe tanto, hasta que no se trata de enseñar lo poco que se ha aprendido.

Figurémonos: No es lo mismo cruzar la calle agarrados de la mano de alguien que estar al cabo de la calle con la responsabilidad de guiar a otros para cruzar una avenida.

15.- Los Líderes Orquestadores modelan la manera de hacer las cosas.

Los líderes ponen el ejemplo. La gente no hace lo que le dices sino lo que te ve hacer. Es decir, La gente no sigue tus técnicas –ellos te siguen a ti. ¿Qué haces para que te dupliquen? Para aplicar eficazmente las energías colectivas de un grupo de gente uno tiene que primero poner el ejemplo. No hay atajo corto. Quien no esté dispuesto a poner el ejemplo, no hay manera que lo dupliquen. Poner el ejemplo dice más que las palabras. De todos los pasos de liderazgo que hemos hablado, nada importa si uno no se duplica siendo un modelo a seguir. Es decir, ¿De qué sirve si un cantante graba un disco si no se puede duplicar? No creo que cada vez que yo quiera escuchar alcantante el vaya a venir a mi casa. De la misma manera, si tú no eres capaz de duplicar tus enseñanzas modelando la manera de hacer las cosas, jamás podrás ser duplicado. Por lo tanto, tus discípulos siempre preguntaran cómo se hacen las cosas. Los líderes del Nivel 3 saben esto y trabajan duro en su propio ejemplo.

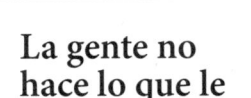

La gente no hace lo que le dices sino lo que te ve hacer.

Una pregunta: ¿Te gustaría que una organización entera esté llena de pura gente como tú? Si la respuesta es "Sí," entonces estás poniendo un buen ejemplo y modelando la manera de hacer las cosas. Si la respuesta es "No," entonces no quieres que te dupliquen porque algo estás haciendo mal. Por lo tanto averigua qué es y corrígelo.

16.- El Líder Orquestador entiende que su potencial está determinado por quienes están más cerca de él.

La habilidad del Líder Orquestador de cumplir las metas del equipo está determinada por las personas más cercanas a él. Si las personas cercanas a él fueron bien desarrolladas, el líder podrá causar un gran impacto. Pero si son débiles y no fueron bien desarrolladas entonces le va a costar mucho trabajo llevar a cabo sus propósitos.

Cuando una organización no es capaz de avanzar entonces es hora de que el Líder Orquestador haga cambios. Es decir, debe de empezarse a relacionarse más con los Hacedores más eficaces, y mantenerse alejado de aquellos que sólo le caen bien y no traen buenos resultados.

Todas los grupos u organizaciones con buenos resultados tienen un líder que está rodeado de buenos Hacedores. No hay líder exitoso que haga las cosas solo. El Líder Orquestador encuentra grandeza en los miembros del equipo y ayuda a los individuos a encontrar sus fortalezas en sí mismos. Piense en cualquier líder altamente eficaz y podrá ver que este se ha rodeado de un fuerte equipo en donde tiene fuerte relaciones con Hacedores eficaces.

Un Líder Orquestador debe procurar planificar reuniendo a individuos eficaces que estén sincronizados idealogicamente y laboralmente con los propósitos de la organización o del equipo. Aunque no siempre sucede así. Pues se da el caso de que muchas de las veces el Líder Orquestador se reúne y planifica con individuos que hablan mucho pero que desafortunadamente no muestran resultados.

> **No hay líder exitoso que haga las cosas solo.**

Cuando el Líder Orquestador se reúne para planificar y organizar cualquier estrategia, por lo regular hay tres tipos de reacción: 1) los que entienden y aceptan lo que se tiene que hacer; 2) los camaleones que cambian de parecer y se ajustan si las cosas van bien o mal; 3) los que empiezan negativos y esperan que este tipo de liderazgo desaparezca. Muchas veces tendemos a pasar más tiempo con 'los negativos' tratando de convencerlos de que cambien. Es muchos más importante pasar tiempo con las personas con quien puedas sincronizar que con aquellas que te absorban la energía y te cultivan el desánimo. Debe de pasar uno más tiempo con aquellos individuos que aceptan lo que se tiene que hacer, pues se añaden valor tanto uno al otro como a la organización.

Hay cuatro tipos de personas que yo recomiendo que tenga cuando planifique con los miembros de su equipo. Primero, involucre a aquel individuo que tenga la capacidad de motivarse a sí mismo y tenga hambre de triunfar. Segundo, involucre a un individuo que levante la moral en la organización. Los individuos que pueden levantar a otros y elevar la moral en una organización son muy valiosos y siempre será un buen elemento cuando se trata de planificar. Tercero, involucre personas que se preocupan por entrenar a los nuevos miembros de la organización o del equipo. Esto produce resultados explosivos. Cuarto, involucre a un individuo que tenga el potencial de reemplazarte cuando llega el día en que no estés. Pues, cuando se es un Líder Orquestador, se lleva una carga que puede ser muy pesada. Pues tú estás al frente y puedes convertirte en un blanco fácil, pero no tienes que estar solo. Busca a alguien que lo quiera igualar para que te de ánimo y apoyo.

> **El tiempo no lo extiendes por más duro o más inteligente que trabajes.**

Cuando eres un Líder Orquestador te das cuenta que un día sólo tiene veinticuatro horas. En otras palabras, el tiempo no lo extiendes por más duro o más inteligentemente que trabajes. Así que, eso sólo nos deja una opción. Aprender a trabajar a través de otros individuos. Entonces, hay que estar al pendiente de encontrar personas claves, formarlas lo mejor posible, delegar todo lo que podamos y enseñar a estos a hacer lo mismo.

17.- Sólo el Líder Orquestador seguro de sí mismo otorga poder de decisión a otros.

Todo liderazgo es temporal. Los Hacedores eventualmente van a mostrar suficientes resultados y van a estar listos para organizar. Sólo aquel Líder Orquestador que no esté dispuesto a adquirir nuevas ideas o que no tenga intención de cambiar, no va a querer otorgar el liderazgo. Sólo los líderes seguros de sí mismos pueden otorgar poder a otras personas sin sentirse amenazados.

Un verdadero Líder Orquestador es aquel que tiene suficiente intuición para seleccionar individuos buenos para llevar a cabo lo que se tiene que hacer y no se entromete mientras estos cumplen con su deber. El peor error que puede cometer un líder, es ser piedra de tropiezo para aquel Hacedor que anhela un día el poder organizar un grupo. Algunos líderes pueden caer en la trampa de invitar a un individuo e incitarlo a criticar a su colega que noblemente se esmera por ser mejor.

> **Sólo los líderes seguros de sí mismos pueden otorgar poder a otras personas sin sentirse amenazados.**

Si quieres tener éxito como líder tienes que encontrar individuos claves, cultivarlos, darles poder de decisión, responsabilidad y luego soltarlos para que muestren su liderazgo. Según John Maxwell, "El modelo de liderazgo que otorga poderes abandona su posición de poder y da a todas las personas funciones de líder a fin de que puedan emplear su capacidad al máximo." Sólo a las personas que se les da la oportunidad de liderar pueden explotar su potencial. Cuando un líder no puede o no quiere otorgar el liderazgo, levanta en la organización una barrera que nadie puede atravesar. Si las barreras permanecen por mucho tiempo, la gente se rinde o se va a otra organización donde pueda explotar al máximo su potencial.

¿Por qué la gente no otorga poder? Si se trata en un empleo es el miedo a perder el empleo. Un empleado débil cree que si ayuda a sus subordinados, después lo pueden reemplazar. Quizás sea así en un empleo. Pero la verdad es que en los negocios la única forma de ser libre económicamente es de llegar al punto donde te reemplazas. En otras palabras, si de manera continua puedes otorgar poderes a otros y ayudarlos a desarrollar esos poderes a fin de que sean capaces de hacer el trabajo que te corresponde a ti, llegarás a ser tan valioso para la organización que lo consideren indispensable.

Bueno, contestemos la pregunta, ¿Por qué la gente no otorga poder? Uno, por miedo a ser reemplazado; dos, resistencia al cambio; tres, falta de autoestima; y cuatro, se obsesionan del reconocimiento.

> **Cuando a uno no le importa quien se lleva el mérito, grandes cosas pasan.**

Cuando a uno no le importa quien se lleva el mérito, grandes cosas pasan. Sólo un líder seguro de sí mismo otorga el liderazgo. Creo que las cosas más grandes sólo suceden cuando les das el mérito a otros.

Aunque suene extraño, los grandes líderes ganan autoridad cuando se desprenden de ella. En conclusión hay que encontrar líderes fuertes para otorgarles el liderazgo.

La clave de otorgar poder de decisión a otras personas es tener una gran confianza en la gente. La verdad es que el otorgamiento de liderazgo es muy poderoso, no sólo para la persona que está en desarrollo, sino también para el mentor. Engrandecer a otros es un acto de nobleza y la nobleza te engrandece por haber vencido el ego.

18.- El Líder Orquestador necesita el apoyo del equipo para triunfar.

Para que reciba el apoyo del equipo, el Líder Orquestador necesita darle a la gente razones para que lo apoyen. Sin embargo, si tú no le has dado a la gente razones para que te apoyen y que a la vez no has obtenido la credibilidad de los miembros del equipo, no importa que tan grande sea tu visión, no vas a tener el apoyo del equipo. Especialmente si has quebrantado un principio moral. Cada mensaje que la gente recibe de ti es analizado por los miembros del equipo. Si el mensajero es digno de confianza, el mensaje tiene valor. Por eso es importante que seas un mensajero con valores y principios para que tu mensaje llegue a la gente. De lo contrario te tacharán de mentiroso y ventajista.

Vuelvo a repetir, cuando el mensajero es digno de confianza, los miembros del equipo escuchan y el mensaje le dan valor. Ejemplo de ello son los actores y los atletas. Estos son contratados para promover productos. La gente no confía en el producto sino en la persona que lo está promoviendo. La gente no compra zapatos de fútbol "Pumas" por la calidad sino porque confía en Hugo Sanchez que los está promoviendo. Lo mismo se aplica al Líder Orquestador. No es tanto que la gente crea en su visión sino que crea en él como individuo. Cuando los miembros del equipo tienen razones para creer en el Líder Orquestador es entonces que el equipo decide apoyarlo y darán oportunidad que los liderare. La gente no permite ser guiada por alguien en quien no confía, pues decide no apoyar al Líder Orquestador y muestra resistencia.

La gente no permite ser guiada por alguien en quien no confía

Tener una gran visión y una causa noble no es suficiente para que la gente te apoye. Primero, debes de hacer que la gente vea tu integridad y tus valores para ganar su confianza y que tu mensaje a la vez tenga valor. Ese es el precio que se paga cuando se es un Líder Orquestador, ganarse la confianza de la gente. Tu éxito está determinado por tu capacidad de llevar a la gente a la meta que debe de alcanzar, pero no podrás realizarlo si no apoyan tu liderazgo.

19.- El Líder Orquestador necesita poner el triunfo del equipo primero en vez de su orgullo.

Los Líderes Orquestadores exitosos encuentran la forma de que el equipo gane a pesar de todo. En ocasiones hay individuos Hacedores que pueden tener mejores ideas que el Líder Orquestador. He aquí nunca olvidarse que el triunfo del equipo es la prioridad y no el orgullo personal, la reputación o el interés personal. No hay que tener miedo de dar mérito a otros por sus ideas o por sus resultados. En ocasiones hay líderes que se preocupan más por defender su punto de vista, sólo por tener razón, que por los resultados. En estos casos se desperdicia gran parte de energía en argumentos conflictivos sólo para probar tener razón. No señoras y señores. No deber de ser así. El triunfo del equipo es la prioridad.

> **No hay que tener miedo de dar mérito a otros por sus ideas o por sus resultados.**

Cuando el éxito del equipo está en peligro, el Líder Orquestador encuentra la forma de que su equipo triunfe. Lo va a inspirar. Va a diversificar las destrezas y ubicarlas estratégicamente. Va a otorgar poder de decisión. Y sobre todo va a dar la dirección necesaria para triunfar.

¿Qué es lo que determina si tu organización va a triunfar o no? ¿Cuál es tu nivel de expectativa en cuanto a tu organización? ¿Cuánto tiempo le dedicas a tu equipo? Cuando estás en las trincheras y las cosas se ponen difíciles, ¿sientes ganas de tirar la toalla? Las respuestas a estas preguntas pueden determinar si puedes o no tener éxito como Líder Orquestador.

20.- Un Líder Orquestador provoca movimiento en su organización.

Para dirigir primero hay que crear movimiento. Tú no puedes dirigir un carro o una bicicleta si no está en movimiento. Hay organizaciones que están estáticas. Antes de dirigirlas hay que provocar que estén en movimiento.

Cuando el Líder Orquestador tiene pequeños triunfos y celebra estas victorias, sin importar que tan pequeñas sean, crea confianza en los miembros del equipo, la cual les dará la esperanza y el deseo de seguir en acción. Cuando el líder crea este movimiento, entonces puede empezar a dirigir.

21.- El Líder Orquestador entiende que no hay equipo o grupos perfectos.

Cuando te conviertes en un líder, pierdes el derecho de pensar en ti mismo. Una de las realidades del liderazgo es que no hay equipos perfectos. No importa cuanto esfuerzo y enfoque un líder le ponga para encontrar y entrenar a la gente, siempre habrá deficiencias y muchas veces estas deficiencias serán enormes. Por lo tanto, es importante el papel que juega el Líder Orquestador, pues tiene que detectar las deficiencias de los miembros del equipo y ayudarles a superarlas.

> **Una de las realidades del liderazgo es que no hay equipos perfectos.**

22.- Los buenos Orquestadores se organizan con los que asistieron en vez de preocuparse por los que faltaron.

Somos los que estamos y estamos los que somos. Esa es la actitud que un líder debe tomar cuando hay falta de participación dentro los miembros del equipo. Cuando se organiza gente, muchos de los líderes se encontrarán con inasistencias en sus reuniones.

La verdad es que no hay grupos ni equipos perfectos y por tal razón, todas las organizaciones son perfectibles. Es ahí donde un líder le pone y le echa ganas para encontrar y entrenar a la gente. En estos casos, la única alternativa es la sabia decisión de ocuparse con los que hayan asistido, mostrando respeto por el grupo aunque sea pequeño, en lugar de preocuparse del grupo grande que faltó.

> "Con pocos soldados tan cumplidos en sus convicciones y tan valerosos en sus acciones triunfaremos en nuestra causa."
>
> -José María Morelos y Pavón

Al ocuparnos con pocos recursos humanos nos daremos cuenta que hacemos más con pocos buenos que están constantes y comprometidos en la línea de combate que con muchos que buscaron justificaciones para no asistir. Como dice el dicho, "Si esperas por todas las luces que prendan verde antes de que te prepares en un viaje por todo el país, tú nunca saldrás." O mejor dicho como decía José María Morelos y Pavón: "Con pocos soldados tan cumplidos en sus convicciones y tan valerosos en sus acciones triunfaremos en nuestra causa."

23.- El Líder Orquestador entiende el impacto de sus acciones en la organización.

Para los líderes de este nivel, la Teoría de la Relatividad de Einstein nos ilustraque cada una de nuestras acciones tendrá reacciones. Porque hay una variedad de puntos que tienen relatividad en una organización cuando hay un líder que es responsable de un grupo de gente. Las reacciones pueden ser negativas o positivas. El egoísmo, la mezquindad y la prepotencia de un líder, son actitudes negativas que van a estimular reacciones negativas y estas, van a agrietar su camino hacia el progreso y lo peor será que provocará reacciones negativas en cadena, porque esas acciones con y a través de su gente, estarán encuadradas y consideradas dentro de la 'relatividad' en la organización. Por lo tanto, la habilidad de pensar en términos de un cuadro más grande y vivir por prioridades es algo para examinarse y pensar muy serenamente para accionar siempre positivamente. En este nivel, el buen juicio y una actitud objetiva provocará buenos resultados.

24.- Los Líderes Orquestadores se vuelven sirvientes.

El compromiso fundamental del liderazgo es el compromiso de servir a otros, no de servirse de otros. El liderazgo en primer lugar es asunto del corazón. Cuando tengamos una oportunidad o responsabilidad para influenciar el pensamiento y el comportamiento de otros, la primera cosa que nos debemos preguntar es si sólo buscamos el beneficio particular o el beneficio de esos que estamos dirigiendo. Cuando se tiene la oportunidad o responsabilidad para influenciar el pensamiento y el comportamiento de otros, la primera alternativa que se nos viene a la mente es ver nuestro propio beneficio. Mas bien, el enfoque debe de ser el beneficio del grupo o de los miembros del equipo. Los Líderes tienen que aprender que dirigir significa servir. El liderazgo no es acerca de posición, o ventaja, o estatus. No es acerca de poder o riqueza. Es acerca de servir a otros organizando esfuerzos coordinados de la gente.

> Los Líderes tienen que aprender que dirigir significa servir.

Por otro lado, el liderazgo no es un lecho de rosas. El liderazgo es una responsabilidad que pide autodisciplina y sacrificio para poder servir a la organización o a los miembros del equipo. ¿Cómo es que el Líder Orquestador sirve al equipo? De la siguiente manera:

1.- Ofertando ideas fértiles.
2.- Siendo constante y diligente.
3.- Tranquilizando, planificando e inspirando a la gente.
4.- Ejerciendo dignidad e integridad.
5.- Estando al frente de la línea de combate, observando y dirigiendo las acciones. Sólo así podrá ver las condiciones del terreno que pisan sus grupos y orquestar las estrategias de acuerdo a las necesidades. Su presencia alentará, estimulará y fortalecerá a su gente y les infundirá el espíritu de su visión a la victoria.

6.- El Líder Orquestador tiene que alejarse de discursos inútiles y de vanagloriarse a sí mismo. Tiene que ser muy claro con su mensaje y estar muy consciente que los miembros de su equipo captarán sus ideas como si fueran semillas para germinarlas y para reproducirlas. La visión puede ser poderosa, la esperanza de la recompensa puede animarlos. Pero antes, el líder tendrá que haberse ganado la confiabilidad, demostrando que sus ideas no son vanas y que las está sembrando en terreno fértil.
7.- El Líder Orquestador enfatiza que los resultados vienen a través del esfuerzo del equipo.
8.- También enfatiza la importancia de la comunicación.
9.- Los Orquestadores saben la importancia de conectarse con los miembros del equipo.
10.- Los Orquestadores recompensan a los miembros de su equipo.
11.- El Líder Orquestador tiene que tener visión y un plan de acción.
12.- El Líder Orquestador infunde confianza en su equipo.
13.- El Líder Orquestador infunde respeto.
14.- Los Líderes Orquestadores evalúan las cosas no sólo con hechos sino con intuición.
15.- Los Líderes Orquestadores resuelven problemas.
16.- Los Líderes Orquestadores entienden la importancia de encontrar gente clave.
17.- Los Líderes Orquestadores entienden la importancia de entrenar a otros.
18.- Los Líderes Orquestadores modelan la manera de hacer las cosas.
19.- Un Líder Orquestador provoca movimiento en su organización.
20.- El Líder Orquestador entiende que no hay equipo o grupos perfectos.

El éxito en el liderazgo exige mejoramiento y un esfuerzo continuo.

Un ejemplo de un Líder Histórico que representa este nivel de liderazgo es:

Don Lázaro Cárdenas del Río

Don Lázaro Cárdenas del Río, nació el 21 de mayo de 1895, en Jiquilpán, estado de Michoacán, de la República Mexicana. Fue un militar revolucionario, político de honorable prestigio y estadista de vanguardia progresista. Por sus hazañas revolucionarias, muy joven, a la edad de 25 años, alcanzó el grado de General, y en aquel tiempo, la inestabilidad del país estaba en el ajetreo de la post-guerra civil y la promulgación de la Constitución de 1917, que preveía el reparto agrario de las tierras ociosas en poder de los latifundistas, quienes clandestinamente contrataban mercenarios y los armaban para asesinar a los campesinos.

A estos hacendados, se les adhirió declaradamente el clero católico, y en franca provocación y desacato a la Ley, bendijo a los bandoleros asesinos y los declaró "defensores de la fe" y les endilgó la consigna "viva Cristo Rey y muera el mal gobierno". A este alzamiento, la población cristiana en general simplemente les llamó: las bandas de "Los Cristeros".

Don Lázaro Cárdenas se mantuvo fiel a sus convicciones progresistas y en todas sus acciones enarbolaba las consignas de Emiliano Zapata y Pancho Villa: "La tierra es de quien la trabaja y con sus esfuerzos la haga producir." Organizaba a los campesinos sin distingo de credo religioso o de raza, pues a los blancos, negros, mestizos o indígenas, los juntaba en grupos, comunidades, tribus o aldeas. No importaba la hora ni el lugar, haciendo mucho frío o mucho calor compartía con ellos sentado en el suelo, debajo de un árbol, a la orilla de un río o en lo más alto de las montañas, y se intercambiaban alimentos, tejidos, semillas o herramientas. Los indios y los campesinos le decían "TATA LAZARO", pero él prefería que le llamaran "Compañero" (en el fondo era un Líder Orquestador).

Fue gobernador de su estado natal, pero su talla de líder, forjada en los principios de pensadores como Miguel Hidalgo, Benito Juárez, Emiliano Zapata, Francisco Villa y los hermanos Flores Magón, (todos ellos Aprendedores y Hacedores de la organización de la república), comprendió que a él le tocaba ser el "Orquestador" de todo este conjunto de esfuerzos y en 1934, fue elegido Presidente de la República.

Su mandato se caracterizó por un trato sencillo y cordial, que siempre cosecho más amigos que enemigos, atendía en cualquier lugar desde el más humilde campesino hasta el más alto prelado o funcionario. Modificó la Ley Agraria y con el lema "Campesinos de América, Unídos", fundo la "Confederación Nacional Campesina", promulgó la Ley Federal del Trabajo, en la cual se establecieron las bases legislativas para La Ley del Seguro Social y por supuesto, la creación del Instituto Mexicano del Seguro Social.

Concertando con los líderes obreros de "La Casa del Obrero Mundial" creó la "Confederación de Trabajadores de México" y al resto de los ciudadanos, les instituyó en el sector de "Organizaciones Populares" en el cual se abrazaban: artistas, artesanos, pequeños industriales y comerciantes, profesionistas, escritores o intelectuales, etcétera, respaldando a cada agrupación con estructuras jurídicas, como la Ley General de Sociedades Mercantiles, el Código de Comercio y la Ley de Cooperativas. Impulsó iniciativas para clausurar prostíbulos, casinos de juego, convirtiéndolos en albergues de educación para las mujeres y los niños sin hogar.

El Castillo de Chapultepec, que fue el suntuoso Palacio del Emperador Maximiliano y luego residencia oficial de sus predecesores Presidentes, lo transformó en el "Museo Nacional de Historia" arropándolo con la creación del "Instituto Nacional de Antropología e Historia". Fue tan humano y tan influyente su liderazgo, que hasta a la iglesia católica, no le quedó otra alternativa, que aplazar sus hostilidades hacia la Revolución Mexicana y sentarse a consensuar con el gobierno cardenista.

Don Lázaro Cárdenas, abrió las puertas del país a todo el mundo para la inmigración, principalmente refugiados de la guerra civil española. Lisiados, mujeres viudas y niños huérfanos, expulsados de sus países de origen por sus ascendencias políticas o sus necesidades económicas, encontraron refugio y apoyo con aquel maravilloso Líder Orquestador de los libres pensamientos y los "soñadores" sin patria positiva. De esta forma, México era el país de las oportunidades, de los 'sueños' hispanoamericanos.

En el ámbito académico, el sentido social fue muy importante para que todo mundo alcanzara un espacio hacia la superación personal. Lázaro Cárdenas fortaleció la autonomía universitaria, dándole recursos especiales para la "Libre Cátedra" en la investigación científica y filosófica. Además, fundó el Instituto Politécnico Nacional, La Escuela Nacional de Agricultura de Chapingo, y una red de escuelas regionales NORMALES para la capacitación profesional de Profesores Escolares de educación primaria. Impulsó las Universidades Populares en las capitales de los estados dotándolas de presupuesto federal y local. Lázaro Cárdenas, estuvo y sigue estando como el líder estadista y organizador mexicano más reconocido y respetado por "tirios y troyanos" o partidarios de opiniones antagónicas, respeto que se ganó, debido a los innegables y excelentes resultados en materia social y económica.

En el campo, florecieron los Ejidos, y hasta las regiones como verdaderos polos de desarrollo rural como la "Comarca Lagunera" en las tres Huastecas. El desierto del Yaqui se transformó en el "Valle del Yaqui" con eficientes sistemas de riego. Los resultados fueron evidentes. El reparto agrario fue el gran acierto, y sus éxitos multiplicaron varias veces la producción y la productividad de los latifundios de las haciendas que la burguesía detentaba, logrando fácilmente la autosuficiencia alimentaria a base de maíz, frijol, azúcar, carne y leche. La minería tampoco se quedó atrás. La producción de plata repuntó hasta alcanzar el primer lugar en el mundo de este metal precioso. La industria siderurgia nació y México logró ser el principal productor latino-americano con su planta "Altos Hornos" en Coahuila y la explotación de los yacimientos de "Las Truchas" en Michoacán. Así México se revirtió como exportador de cobre, acero, plomo, zinc y aleaciones de metales como el bronce.

Este Líder "Orquestador", también dio solidéz a las finanzas públicas y solidéz al sistema monetario. El Banco de México, como institución Federal, era la garantía más eficaz del valor real del peso mexicano. Sus reservas de oro eran suficientes porque cuidó muy bien que nadie lo saqueara. Pero además, Lázaro Cárdenas creó otros bancos para fomentar el desarrollo: El Banco Nacional de Crédito Ejidal, El Banco de Crédito Agrícola para los pequeños propietarios no ejidatarios, El Banco del Ejercito para la tropa y oficiales militares, y El Banco de Fomento Cooperativo. De ahí siguieron resultando muchas organizaciones privadas de crédito, ahorro, y de inversión pública, privada y empresarial.

Nadie ha podido desvirtuar la obra de liderazgo Orquestador de don Lázaro Cárdenas del Río, por más que sus detractores se hayan o se sigan esmerando. Pero quizás la distinción moral y política más representativa de este Líder, fue el Decreto de la NACIONALIZACIÓN PETROLERA. Cuando las potencias económicas y militares más poderosas del planeta desafiaron su estatura de líder, negándose al acatamiento de la Ley de Los Trabajadores, no pagándoles sus salarios (sus "recompensas"), devengados y desde luego retando a los trabajadores y a su Líder, a don Lázaro Cárdenas no le tembló la mano. Asumió el reto y lo enfrentó. Los resultados de su arrojo y honestidad fueron apoteóticos.

Fue tan amplio el consenso nacional, que el pueblo en general se desbordó apoyando esta decisión histórica, en todas la ciudades, poblaciones y rancherías, surgieron espontáneamente puntos de acopio para reunir recursos económicos y pagar la indemnización a las compañías petroleras extranjeras, desde billetes, monedas, alhajas, hasta chivos, patos, gallinas o cualquier artículo de valor se acopiaba.

La historia registra estos hechos, como la unanimidad y dignidad del pueblo mexicano, increíblemente hasta la iglesia católica entre ellos. Gran Bretaña rompe relaciones con México y amenaza con un bloqueo a gran escala, pero el presidente Franklin Delano Roosevelt, comprende que don Lázaro Cárdenas es un auténtico líder de los hispanoamericanos y prefiere tenerlo como amigo, y aminoró los ímpetus de las compañías petroleras estadounidenses que eran mucho más pequeñas que las europeas. don Lázaro Cárdenas, se mantuvo esgrimiendo el aprendizaje de los Hacedores, enarbolando aquella frase histórica de don Benito Juarez; "Entre los individuos, como entre las naciones, el respeto al derecho ajeno es la paz".

Resumen General

"Liderazgo Progresivo" como usted ha visto, es acerca de la habilidad en aumento que tiene un individuo para lograr sus sueños o de solucionar sus problemas, o de llegar de un punto por un consciente esfuerzo. El líder aumenta su liderazgo según progrese del Aprender al Hacer y del Hacer al Orquestar. Cada nivel es así como pasar de primer año a segundo año y de segundo año a tercer año. Cada nivel que se avanza representa más influencia y lleva una ventaja mayor de las habilidades del líder que apenas comienza.

Definitivamente con este trabajo, no pretendemos dar "recetas de cocina", corchetes o métodos rígidos, ni siquiera aspiramos que sea una "guía" de reglas rectas, directas o indirectas para la realización de sus "sueños", porque sería un atentado contra la inteligencia de los soñadores, que por el camino de un liderazgo, se quieran o se estén encauzando para liberarse del pasado.

Sin embargo, sí aspiramos a expresar con sencillez nuestras propias experiencias, dando razón del trecho del camino que ya tenemos andado, en el cual descubrimos, que la historia universal, nos ayudó lo indispensable para conceptualizar la definición de un "líder", que para nosotros resulta ser: La persona honesta y "Soñadora" que quiere mantenerse adelante, en continuo movimiento, un vanguardista cuya doctrina es su tendencia renovadora y dinámica, que reacciona contra lo tradicional y las injusticias económicas y culturales. Razones por la cuales la gente los observa y en ocasiones hasta les imagina una aureola de profeta, pero la realidad es que son gente, sencilla, humilde, observadora, honesta y sobre todo, comprometida con sus causas o empresas.

Como la historia fue la que iluminó el camino que transitamos, también descubrimos que la "historia" no es simplemente la cronología de los hechos pasados y cuando la escriben los vencedores, sólo es el registro circunstancial de sus resultados, para memorizarlos ellos mismos.

Sin embargo, el fondo de la HISTORIA es mucho más que eso. Para que sea una verdadera "Historia Ecuménica", hay que conjuntarla y analizarla desde un punto de vista más abierto. Conjuntando los sucesos, las aventuras y la esencia de las épicas heroicas y gloriosas que dieron pie y pauta a los cambios, que abrieron la compuerta de las evoluciones naturales y las revoluciones culturales, científicas, tecnológicas y sociales.

De tal envergadura es la Historia. Para nosotros puede ser la gran maestra reveladora de lo que podemos alcanzar y la guía segura que nos enseñara la senda que no debemos pisar. Pero también, el camino por donde podemos avanzar, aprovechando los ejemplos de los líderes históricamente triunfadores y que aún perduran sus influencias entre los hombres de probidad.

Impreso en Estados Unidos de América
noviembre - 2.009